解讀易經的奧祕—系列—七

生無憂而死無懼。

風靡中國十億人口
知名大師
曾仕強　劉君政
教授◎著述

國家圖書館出版品預行編目資料

生無憂而死無懼／曾仕強 劉君政 作.-- 初版.
-- 臺北市：奇異果子廣告行銷，2011.03
面； 公分.--（易經真的很容易系列；7）
ISBN 978-986-85176-5-3（平裝）
1.易經 2.易學 3.研究考訂
121.17 99018939

現代易學院 07

生無憂而死無懼

作　　者　曾仕強 劉君政
發 行 人　林錦燕
總 編 輯　陳麒婷
行銷企劃　邱俊清
主　　編　林雅慧
美　　編　蘇乃雯
編　　輯　邱柏諭
編　　輯　邱詩諭

發 行 所
出 版 者　奇異果子廣告行銷有限公司

地址：台北市中正區重慶南路一段57號8樓之14
電話：02-2361-1379
傳真：02-2331-5394

版　　次　2011年3月初版一刷
I S B N　978-986-85176-5-3
定　　價　新台幣380元

【作者簡介】

曾仕強教授

英國萊斯特大學管理哲學博士，台灣交通大學教授、興國管理學院首任校長、台灣師範大學兼任教授、人類自救協會理事長、新人類文明文教基金會董事長。

曾教授學貫古今，數十年來醉心於中華文化和西方現代管理哲學之研究，在國學、企管、哲學、教育等諸多領域上，皆有極高深的造詣。三十年前，世界五百強企業尚無中國企業能躋身其間，曾教授便已洞察趨勢，率先提倡「中國式管理」學說，被譽為「中國式管理之父」。迄今，曾教授已巡迴全球，完成逾五千場以上之演講，為臺灣生產力中心調查「最受企業界歡迎的十大講師」之一。

近年來，曾教授應大陸中央電視台邀請，至「百家講壇」節目，主講「經營之神胡雪巖的啟示」、「易經與人生」等主題，收視率勇奪全國之冠；二〇〇九年十月，再應百家講壇之邀，主講「易經的奧祕」系列，內容風靡全中國，掀起一股國學復興浪潮，曾教授更被評選為第一名的國學大師。

曾教授著作有：《易經真的很容易》、《走進乾坤的門戶》、《人人都不了了之》、《易經的中道思維》、《中國式管理》、《總裁魅力學》、《樂天知命的無憂人生》、《修己安人的領導魅力》……等數十本，其中《易經的奧祕》一書銷售量已突破一百萬冊，高居台灣與大陸各大書店文史哲類暢銷排行榜總冠軍。

劉君政 教授

美國杜魯門州立大學教育行政碩士，台灣師範大學教育學士。

歷任台灣師範大學、彰化師範大學、高雄師範大學教授，胡雪巖教育基金會理事。

前言——代序

研讀《易經》最大的收穫，也可以說是最終的目的，即在於「心易」：用自己的心，來改變自己。

為什麼要改變自己？因為自己不夠完美，有很多需要改善的地方。無論外表或內涵，都有修整、加強的必要。

怎樣改變自己？唯一的方法，便是改變自己的觀念。因為人是觀念的動物，必須調整觀念，才能改變自己。

由自己來改變，可能嗎？不由自己改變，要依賴誰呢？人只有自己願意改變，才有可能真正地改變，否則就是癡人說夢，根本不可能有所改變。

心易，能改變自己的什麼呢？說起來好像什麼都可以改變。天下無難事，只怕有心人。有心改變，就什麼都能夠改變。問題是：要變成什麼樣子，才不致於亂變，甚至愈變愈糟糕，使自己愈加不滿意呢？而這樣的結果，還遠不如不變。

心易的遠程目標，最好是設定成能使自己生無憂而死無懼——活著的時候，心裡無所憂慮；死亡的時候，也毫無恐懼。

人真的能達成此一境界嗎？孔子說：「仁者不憂，勇者不懼。」〈繫辭上傳〉也明確指出：「樂天知命故不憂。」至少先求生的時候，可以達到無憂的境界，然後再求臨終時不懼，循序漸進，雖不中亦不遠矣！

《易經》六十四卦，實際上是把我們一生當中，所可能遭遇到的各種狀態，分門別類地透過簡單的形象，明白的理數，扼要地提示有效的因應方式，供我們及時參酌使用。《論語・顏淵篇》裡，孔子說得十分清楚：「內省不疚，夫何憂何懼！」內省指自己反省，養成習慣之後，臨終時問心無愧，毫無愧怍，當然無懼。活著的時候，依易理而行，也據以自我反省，應該可以無憂。死的時候，又能夠心安理得，安詳地閉目長逝，那就是善終，求得好死。

易理怎麼能夠使人不憂不懼呢？原來古聖依據天人地三才萬象的變化，推論出不易的道理，使我們獲得通變求存的法則。我們常說「持經達變」，「以不變應萬變」，便是以「不易的法則」，來因應「變易的現象」，也就是以不變的法則來發展萬變的方式。生活的法則不可變，而生活的方式，卻必須因時、因地而調整，做出合理的改變。

以乾卦（䷀）為例：初九潛龍，是潛伏在地底下，也就是深淵的地方。九二現龍，是出現在地面上，倘若不被人賞識，便要遭受冷漠的對待。九三必須高度警惕，才能成為君子，不致被貶低為小人。九四的龍可躍可不躍，必須審時度勢，謀定而後動，以免飛躍不成，又掉入深淵。九五飛龍在天，要提高警覺，因為上台容易下台難，必須趕緊強化與九二間的聯結，彼此水幫魚，魚幫水，務求下情上達，而又上情下達。上九亢龍，若能事先做好充分準備，當然也可以無悔。我們依據乾卦用九的總結，可歸納出一個人必須隨時審查自己的定位，及時做好階段性的調整，以求合理因應，發揮真龍的靈活性和應變性。從馬王堆出土的帛書發現：古時「乾」字寫做「鍵」字，表示乾卦就是人生過程中，十分具有關鍵性的提示。我們原本就是自由、自主的龍，基於「自作自受」的法則，必須隨時做好定位，最好依據《易經》乾卦的爻辭，不斷提醒自己：初九不潛，很可能會由初九變成初六，由乾卦轉為姤卦（䷫）——以一陰居下，為上面五陽所制。如能及時反省，適可而止，尚能无咎；倘若忘止而堅持前行，必凶。九二現龍，如果不能利見大人，很可能九二變六二，轉為同人卦（䷌）——以陰爻居陰位，又為下離的中爻，既中且正。上有九五相應，但仍非真心賞識，難免有吝。如果自行約束，尚能獲得同仁的支持，否則難以發揮實力。九三惕龍，倘若不能終日乾乾，夕惕若，很可能九三變六三，而轉為履卦（䷉）——以一陰居下兌上位，以柔乘剛，不凶也難。九四躍龍，若是飛不上去，又掉不下來，吊在半空中，剛好是一陰爻居上卦下位，與下卦初九相應，象徵陰陽相得，卻由於能量微弱，要想以小搏大，那就是九四變六四，轉為小畜卦（䷈）了。九五飛龍，假若不能利見大人，很可能九五變六五，轉為大有卦（䷍）——在位時尚能由於真誠信實，以人為本，發揮極大作用；退位時則必須能動也能靜，知進也知退，才能平靜度日。上九亢龍，若是事先加以預防，使其不亢。可以將上九變上六，而轉為夬卦（䷪）——不以一陰來力阻五陽，反而可以為公而上告九五，構成不亢的乾卦，求得慎始善終。

按照這樣的法則，來做人做事，自然普受歡迎，而又能夠盡心盡力，做出有效的貢獻。易學的卓越之處，即在視人為萬物中的一環。人和其他萬物，都是自然創化而成。〈序卦傳〉曰：「有天地然後有萬物，有萬物然後有男女。」整個大自然成為包括人類在內的萬物大家庭，在和諧的氣氛中，生生不息地養育萬物，所以〈繫辭下傳〉說：「天地之大德曰生。」生生不息即為天地運行的準則，大自然應該成為一個具有自我調節、自我修復、自我進化的生態循環體，來確保萬物有一個良好的生存環境。可惜人類的工業文明，在近四百年來，由西方主導，極力想要擺脫這種「天人合一」的思維。主張人和自然是兩個對立系統，肉體和精神、存在與思維，也是彼此對立，以「人力征服自然」、「肉體決定精神」、「實踐決定認識」為目標，其結果造成令人不知如何因應的全球危機。

我們可以從不同的角度，採取不一樣的觀點，解讀出同樣一個乾卦，原來具有大不相同的面相。而當我們發展科技時，倘若以「天人合一」為分野，也會發展出大不相同的效果。天人合一的科學，可以帶來宇宙萬物的和諧共生；違反天人合一的科學，勢必造成地球原有的自我調節、自我修復、自我進化的能力，遭受到相當嚴重的扭曲和錯亂。身為中華民族一份子的我們，肩負著依易理救宇宙的崇高任務，在全球面臨緊急危機的當下，更是我們責無旁貸的神聖任務。

易理如何救宇宙呢？正是我們心易的大目標，也是求得生無憂而死無懼的主要途徑。只要早日恢復天人合一的科學發展觀，把現有的科技，向天人合一的大前提修正，恢復天地萬物的自然再生與自我進化機能，我們的任務便得以順利完成，我們的神聖責任也將在地球毀滅人類的前夕，獲得具體有效的成果，而告一段落。

天人合一不能向外求取，因為從自然現象來看，天那麼高，和人的距離實在太遠。世界各地爭相建築第一高樓，結果什麼地方建成，那個地方就遭受浩劫。不但沒有預期的好處，徒使人類發覺：原來天人永隔，是不爭的事實。天人合一必須向內尋求，只要把「天理」與「良心」連結為一體之兩面，天人瞬間就合一了。孔子說：「我欲仁，斯仁至矣！」天人合一，同樣是我們想要，頃刻之間便可以實現。

於是我們明白：憑良心、講道德、尊重自然規律，是人類得以生無憂而死無懼的寶貴法則與有效途徑。道理十分簡單，卻由於人類喜歡鑽牛角尖，而把簡單的事情搞得非常複雜。嘴巴高喊「回歸原點」(Back to Basic)，行動卻漸行漸遠。我們所處的當下，距離「物極必反」的臨界點已經相當接近，相信藉由大家的努力，必然能夠剝極而復，使易理的功效再一次展現，並在極短的時間裡，收到極宏大的效果。

現代人的通病，便是喜歡聽一些不順耳的專有名詞，自己聽不太懂，卻把它包裝起來，用以騙取別人的錢財，美其名為「知識經濟」。不斷地創造新字、新詞，使人緊張忙碌到不能冷靜地思慮，固然創造出很大的「知識經濟」市場，卻不幸把我們原本良好的神經系統破壞了。恐懼、憂慮之餘，還要加上憂鬱症、躁鬱症肆虐，將現代人折磨到不成人形……且讓我們救救自己，也救救宇宙吧！

敬懇各界先進朋友，多多賜教指正為幸。

曾仕強
劉君政
謹識於台灣師範大學

編者序

在《論語・顏淵篇》裡頭，記載了一則故事：

司馬牛問老師：「如何才能成為君子？」孔子答：「君子不憂愁，也不恐懼。」司馬牛不懂，所以進一步追問：「難道心中不憂愁、不恐懼，這樣就算是君子了嗎？」孔子說：「一個人能發自內心地反省，行事正大光明、無所愧疚，那麼，還有什麼好憂愁、恐懼的呢？」

「不憂不懼」這個成為君子的入門條件，看似簡單，要做到卻相當不易。尤其是現代人處於物質世界中，往往生時欲望太多，分不清「可欲」與「不可欲」的區別，又貪得無厭，而當所求不得時，就會使自己陷入煩惱熾盛的憂愁當中。

而臨終時的恐懼，則是由於對死亡的無知所造成。若是平日一味避諱、不敢面對死亡這個生命課題，當大限之期來臨時，當然會心生害怕與恐懼。

那麼，現代人要如何學習做一個「不憂不懼」的君子呢？

其實，我們可以藉由《易經》中的「心易」功能——用自己的心改變自己，做到自我節制、自我修行、自我指引，並透過「內自省」的功夫，使自己成為一位心安理得的易道君子。

一個人只要願意從當下開始止欲修行，儘可能的立公心、去私心，合理止欲，便能一步一步地減少憂懼。先知生，然後再知死，循序漸進，以期能在有生之年，把應該做的事完成，當死亡來臨的那一刻，自然能夠走得心安理得，而無所恐懼。由此觀之，「自我心易」與「止欲修行」，應該是生無憂而死無懼的最佳途徑。

本書中曾教授以「自我心易」為經緯，輔以《易經》中「艮、兌、震、巽」這四卦，來具體說明如何達成「生無憂而死無懼」的目標，可做為人生旅途中最寶貴的指引。敬祝每位讀者都能開卷有益，從中獲得美好的感悟與啟發。

現代易學院系列叢書總編輯 **陳麒婷**

目錄

《第一章》

易學
具有哪些大功能？

君子所樂於玩味的，是爻的文辭，
透過爻辭，可以指導自己的言論。

生活中所依據的，是大象和小象，
並利用卦象製作各種器具供人使用。

從各種變化當中，推演相關規律，
以持經達變來規範自己的舉止動靜。

當資訊不足，數據相當模糊時，
還可以透過占筮，來玩味、揣摩和決疑。

易學的一之多元，主要用來破除二分思維，
使現代人的二分法困惑，藉由易理輕易破解。

最終目的，則在善用易理做好自我心易，
憑良心，講道理，還需要尊重自然規律。

一、透過易理文辭指導言論

〈繫辭上傳〉說：「易有聖人之道四焉：以言者尚其辭，以動者尚其變，以制器者尚其象，以卜筮者尚其占。」

辭、變、象、占，可以說是易學的四大功能。

遠古時代為了方便口耳相傳，《易經》的卦辭和爻辭都十分簡潔，而且大多押韻。由於含有吉凶的揭示，使人樂於玩味揣摩。用它來講道理，顯得環環相扣，連結得十分緊密。行動的時候，觀察卦爻的變化規律，很容易推論出未來的可能變化，並且決定自己下一步應該怎麼走？製作器具時，把各種卦象陳列對比，可以觸發創作的靈感，尋找形象的比擬。當猶豫不決，拿不定主意時，還可以藉由占筮，從中獲得若干啟示，有助於達成決策。

萬事萬物，都有其複雜性與變動性。卦詞用簡潔的辭句，點出某一特定情境下，可能遭遇的複雜性。務求執簡御繁，發人深省。使人重新領悟當前的處境，而能知所因應。爻辭則針對此一特定情境，可能產生的變動性，依據動、入、深、顯、靜、代的自然發展過程，指出每一階段的重點，使我們心中有數，能適時應變，以求制宜。

〈繫辭上傳〉說：「聖人立象以盡意，設卦以盡情偽，繫辭焉以盡其言，變而通之以盡利，鼓之舞以盡神。」象的表現，可以補「文字不能完全表達語言，語言不能完全表達思想」的不足。六十四卦可用來完整地表現事情的真情與虛偽。卦爻辭充分表達提醒的語言。三百八十四爻變化會通，可以施利於天下，鼓舞人心向善，發揮神奇的妙用。

乾

上九
九五
九四
九三
九二
初九

卦辭　乾，元亨利貞。
爻辭　初九，潛龍勿用。
爻辭　九二，見龍在田，利見大人。
爻辭　九三，君子終日乾乾，夕惕若厲，无咎。
爻辭　九四，或躍在淵，无咎。
爻辭　九五，飛龍在天，利見大人。
爻辭　上九，亢龍有悔。
綜辭　用九，見群龍无首，吉。
彖傳　彖曰：大哉乾元。
象傳　象曰：天行健，君子以自強不息。
象辭　分別解釋乾卦六爻的爻象。

玩味揣摩
深切體會
通曉道理

二、依據易理變化指導行動

一卦六爻，表示一件事情的不同階段。乾卦用九：「見群龍无首，吉。」告訴我們：即使是龍，處於不同階段，也應該依據當時的情況，做出合理的調整。我們常說：「人生是階段性的調整」，便是此一綜辭的充分運用。將爻的時位，配合自己的性質，並隨著時的不同，與個人身分、立場的轉變，表現出合情合理的言行。〈繫辭下傳〉說：「道有變動，故曰爻。爻有等，故曰物。物相雜，故曰文。文不當，故吉凶生焉。」《易經》所重視的，是變化的道理。象徵這種變化的，稱為「爻」。爻有陰陽上下的不同，加上時間並不相等，所以能表現出不同等級、類別的物象。不一樣的物象，錯綜複雜地交互影響，就稱為「紋理」。紋理有適當的，也有不適當的，於是導致了吉凶的不同結果。一般而言：「初難知，二多譽、三多凶、四多懼、五多功、上易知」，便是由於六爻的時位不同，反映出特定的時宜和物象。陰柔的爻，處於三、五的爻位，通常將有危險，而陽剛的爻，若是處於三、五的爻位，往往能勝任而獲得吉祥。〈繫辭下傳〉說：「爻也者，效天下之動也。是故吉凶生，而悔吝著也。」天下萬事萬物的變化，透過卦的爻象來仿傚，吉祥或凶險的結果，悔恨或憾惜的心情，都將因此而產生。我們若能依據《易經》所揭示的道理，發揮「不可為典要」（不能拘泥、固執於某一定規）的基本指導原則，依照此時此地最適合的方式，持續地隨機應變，卻不任意投機取巧，如此一來，我們的進退舉止，應該就能夠合乎易理的要求，自始至終保持高度警覺性，應該就可以保有无咎。

坤

- 坤上
- 坤下

用六，利永貞。

自始至終，保持陰柔、卑順的心態。

- 上六　血（切戒陰盛到極點）
- 六五　黃（忠以事上善待下）
- 六四　括（不求有功求無過）
- 六三　含（內方外圓有正氣）
- 六二　直（出乎真誠不汙染）
- 初六　履（慎防惡念的始生）

做出合理的階段性調整

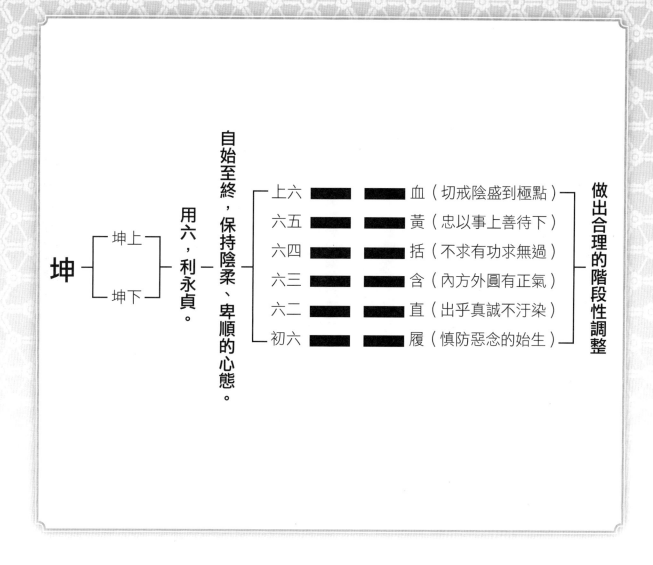

三、利用易象指導製作器具

〈繫辭上傳〉說：聖人看到天下萬物，有一定的運動變化規律，於是就把它比擬為具體的型態，也就是大家常見的八卦圖，稱為「象」，並進一步模擬這些形象，製作成有助於生活的器具。伏羲氏按照離卦（䷝）的形態，編結繩子，做成羅網，用以捕魚或圍獵，十分巧妙。神農氏依據益卦（䷩）的形象，砍削樹木，製成犁頭，用火烘彎樹木，做成犁柄，當做除草的工具；又制定中午太陽正好普照大地的時候，進行市場買賣，使大家能以物易物，交相貿易，便是取象於噬嗑卦（䷔）。黃帝、堯、舜設置文物制度，垂下衣裳，無為而天下大治，也是取象於坤卦（䷁）和乾卦（䷀）。後來挖空樹木做成船，砍削樹木製成槳，這種水運工具，取象於渙卦（䷺）。用牛駕車，人卻騎著馬匹，這種陸地運輸的方式，取象於隨卦（䷐）。砍削樹木做成舂杵，挖掘地面成為舂臼，用舂杵在舂臼上面搗米，做成食物，取象於小過卦（䷽）。建築宮室，以代替穴居，上有棟樑，下有屋簷，應該是取自大壯卦（䷡）的形象。棺木的形象，和大過卦（䷛）十分接近。由此觀之，中華民族依循易象指導所發展出來的科學技術，必然和今日的西方科技大異其趣。天人合一的精神，使我們不致破壞自然、污染環境、浪費資源，或製造出無情的毀滅性武器。

然而，易象又是從何而來？答案是從天然、自然的景象，經由我們的眼睛攝取出來。可惜一般人看不出所以然，因此聖人把它歸納成八卦，再演繹出六十四卦，加上各種變化，就足夠我們取象作器了。

離 ䷝ 上下兩個窟窿，有網象。結繩作網，用以捕魚。

益 ䷩ 上木震動，有犁地象。做成木犁，以耕地。

噬ㄕˋ**嗑**ㄏㄜˊ ䷔ 上離下震，有日下活動之象。以日中為市，互相交易。

小過 ䷽ 上震動有聲，觸下而止，有持杵搗米之象。以木杵在臼中搗米。

隨 ䷐ 下動上悅，車在下動，人在車上備感喜悅。用牛馬駕車，以利交通。

四・按占筮原理以占問決疑

〈繫辭上傳〉有一章專文，講解占筮的詳細過程——首先拿出五十根草齡較長，不容易被摧折的蓍草。以其中任何一根為代表，向伏羲氏表示敬意，以示不忘其當年一畫開天的卓越貢獻，才有今日此番占筮的運作。剩下的四十九根，則一分為二，象徵太極生兩儀。由於總數四十九為奇數，一分為二的結果，必然一半為奇，一半為偶，由於奇數的變化較大，所以稱為陽；偶數的變化較小，更為穩重，所以稱為陰。從右手中取一根，懸掛於左手小指與無名指之間，象徵天地人三才……我們先說到這裡為止，因為不希望諸位先進朋友在尚未明瞭易理之前，便進行占筮。以免一旦開始占筮，便養成依賴占筮的不良習慣。凡事不經反覆推理，也不依現象及數據研判，便貿然占筮，倒果為因，以結果指導決策，反而誤解、小用了易學。

反對占筮的主要理由，在於做人做事，應該重視過程的合理性，不應該只計較結果的利或弊。孔子主張要「盡人事以聽天命」，用意即在提醒大家，結果往往是人所難以預料的，和現代量子力學的「測不準定律」前後呼應，只是相隔數千年之久，使人難以想像，古聖先賢當時怎麼想得出來。測不準可能是測的人不夠用心，或是所用的儀器不夠精準；然而，即使測得很準，也難保在測定之後，不會再產生若干變化。占筮也是一樣，所占得的結果，很可能由於各種變數，而產生新的變化。何況人類的言行，不應該以結果來決定說或不說、做或不做。只問耕耘，不問收穫，才是正當的態度。可惜現代人非常重視結果，所以十分熱衷於占卜。

不可否認，《易經》是古代用來占卜的書。

↓

《易經》逃過秦火，更令人相信《易經》早已卜出自己的命運。

↓

現代科技發達，智識普及。

只能善用占卜，不能依賴占卜，更不應該以占卜的結果，來做成決策。

↓

人的言行，必須依據良心，不應該先考慮結果。

↓

當為則為，不當為就算是有再大利益，也不可為。

五・依《易經》思維破除二分法

現代人深陷「二分法」思維的困惑，吃盡苦頭依然執迷不悟。不明白《易經》在「一分為二」之後，立即以「二合為一」，來「把二看成三」的奧妙，而錯把《易經》視為二分法的產物，用「陰就是陰，陽便是陽，陰陽是兩種對立的系統」，來曲解和貶抑易理，實在是以不知為知的笑話。

陰陽是一元，因為它是一體兩面。陰極生陽，陽極生陰，兩者可以互變。但是一元之中，內涵陰陽兩種不同的性質。好比離心力和向心力，都是力，卻方向剛好相反。我們特地把這種一元之內，含有兩者不同性質的太極，稱為「一之多元」，便是把「一」和「二」統合起來，成為一之多元的「三」，表示變化無窮，可以對應到各種不同的情境。

其實，許多人讀不通易理的原因，即在以「二分法」的思維來解讀《易經》。也不明白「鐵口直斷」，根本就是二分法思維中「二選一」的結果。到底是《易經》誤導了我們，還是我們讀錯了、扭曲了易理？值得大家深思。

《易經》的卦爻辭，凡是吉、凶、悔、吝、无咎、厲，都是有條件的，並不是必然如此、不能夠改變的。「勿用」表示在目前的情況下，以「勿用」為主，但是不應該放棄「用」的機會。先充實自己的實力，等待時機成熟，立即化勿用為用。吉可以變凶，凶也可能轉成吉，否則，又何謂「趨吉避凶」呢？用三分法思維來解讀《易經》，才能夠真正做到「不可為典要」這種不被文字局限思維的境界，充分發揮「唯變所適」這種順應需要而知所變通的功能，如此一來，《繫辭傳》所多次提出的：「自天祐之，吉无不利」也才能得以實現。

《易經》的思維

（三分法包含二分法在內）

用 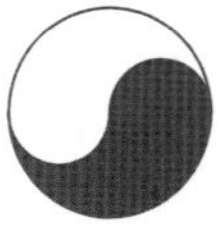 **來思慮**

先用三分法多方思慮，一卦六爻，各有時、位和性質。
所有吉凶悔吝，都可能發生變化。
不可為典要。

→

以 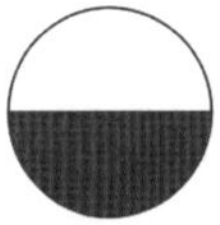 **做決定**

最後用二分法做決定，大家才知所遵循。
要就要；不要就不要，不能含混不清，更不能猶豫不定。
唯變所適。

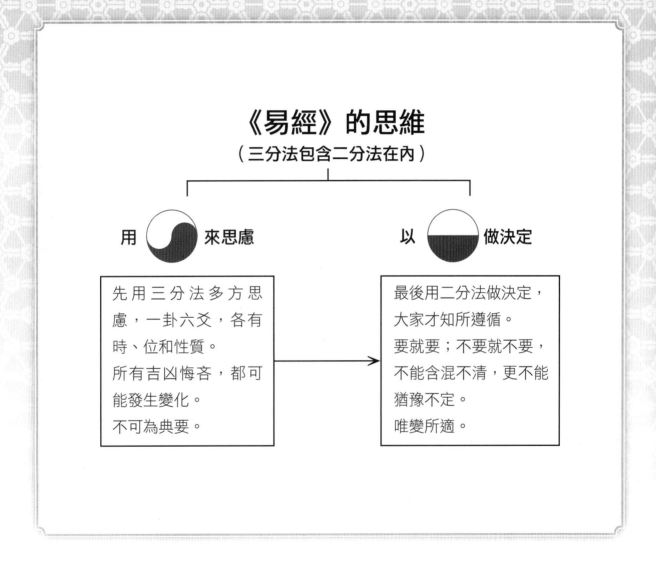

六、由易理推演而自我心易

〈繫辭上傳〉首先指出：我們平日若能觀象玩辭，可以自天祐之，吉无不利。而第二次指出自天祐之，吉无不利的時候，還特別說明這是大有卦（䷍）的上九爻辭，並且附有孔子的解釋：上天祐助的人，是那些能夠自覺，順應天道而行的人；是那些待人誠信，不但履行誠信的道理、尊重賢人的意見，而且能夠自律的人。可見自天祐之，吉无不利，至少應具有下述三大要件：

1 自天祐之並不是上天單方面的行動，而是「自己」和「上天」雙方面的密切配合。當自己不努力時，上天就不可能保祐，因為自作自受是自然的規律，即使是上天也不能夠違背。天助自助者，是有條件的，必須嚴守。

2 自天祐之，把「自」字放在前面，並非不尊敬天，而是先後的次序，不容忽視。自己先遵循易理而行，還要時常存有謝天謝地的心，不敢狂妄自大，上天當然祐之，否則便沒有天理。但這是上天的事情，人管不著，也不用管。

3 人不能期待上天祐助的主要原因，在於確立「求神不如求人，求人不如求己」的信念。一個人對自己的言行，要負起完全責任，這才是我們應有的心態。對上天，我們只能祈禱、感謝，不能夠提出要求，以免干擾了上天的公正態度。

聖人效法易理，以象、辭定吉凶。我們效法聖人，同樣由象的變化和爻辭，來推測事物的吉凶，判斷行事的得失。透過自我心理建設，尋找此時此地的合理平衡點，用心調整自己言行，以期持續地自我完善，達到自我心易的境界。

自天祐之

自（自己）	天（上天）
順應天道行事	秉持公正原則
還要心存感謝	無法樣樣公平
只能誠懇祈禱	難以個別說明
不能有所要求	保持無言態度
自我心理建設	冀望人人自省
用心調整言行	喚醒各人自覺

吉无不利

我們的建議

1 易學在伏羲氏畫卦時，很可能是為了造字。用八卦斷吉凶，也是推行識字教育的一種方式。不料後人對占筮的興趣，反而大過於易理本身，甚至演變成對占卜結果的過度依賴，喪失了人類可貴的自主性，背離「自作自受」的自然規律，十分不可取。

2 周文王藉卦爻的變化，繫以卦辭、爻辭，用意在闡明做人做事的道理。由於當時遭受商紂王的無道，不方便明言。我們觀象玩爻時，最好多方發揮想像力，一層一層深入，務求深思，以體會深切的意涵，從而獲得啟發。

3 周文王、周公這對父子發揚易理，表面上似乎是為了政治，但是真正的心意則在於教化。政治是手段，教化才是目的。這是中華民族對政治的最高原則，非常寶貴，必須代代相傳。

4 透過占卜來學習卦的道理，不失為一種有效的方式。下級對長上不方便明言，也可以經由占卜，來表達自己的心聲，更趁機解說易理，供上級參考，這也是易學的一種應用方式。

5 太極其大無外、其小無內，說明了易學的廣大與包容，所以我們不應該排斥任何事物，說它不屬於哲學的範圍，以免前後矛盾、貽笑大方，但其輕重與得失，仍應妥善權衡為宜。

6 易學的大用，在於易理的發揚；易學的小用，則是希望藉由占筮的過程，引發自己的第六感，先做好自我定位，明白此時此地的情況，再設法改善。我們可以藉由小用的方法，來達成大用的目的，但仍要以大用為宗旨。

《第二章》

真能
生無憂而死無懼？

心易的目標是無憂無懼，
做一個易道君子，心安理得。

生時憂心不斷，主要是欲望太多，
分不清可欲與不可欲，而且貪得無厭。

死時十分恐懼，乃是由於對死亡的無知，
平日避諱，又不敢面對，當然心生恐懼。

只要止欲修行，便能一步一步減少憂懼。
臨終時心安理得，毫無愧疚，自然無懼。

《易經》艮卦，在止欲修行方面，有很多啟示，
建議能平心靜氣，用心玩賞，並多加體會。

人人都應該修行，但不一定要依賴宗教，
換個角度思考，合理憂懼也能有助於心理健康。

一、內省不疚自然無憂無懼

《論語・顏淵篇》記載：「司馬牛問君子。子曰：『君子不憂不懼。』曰：『不憂不懼，斯謂之君子矣乎？』子曰：『內省不疚，夫何憂何懼？』」人與動物極大的分別在於：動物只憑良能，人類在良能之外，尚有可貴的良知。我們一方面要肯定自己的良知，以良知來逐步排除自己的憂慮和苦痛；一方面也應該肯定他人的良知，以減輕彼此之間的恐懼和不安。

〈繫辭上傳〉曰：「一陰一陽之謂道，繼之者善也」，一陰一陽表示太極內含陰陽兩儀，其交易變化的過程，便是我們常說的道。繼承道而開創萬物，便是上天的好生之德，我們稱之為善。這裡所說的善，並不是善惡相對的善，而是「天地之大德曰生」的善。《論語・子罕篇》記載：「子在川上曰：『逝者如斯夫，不捨晝夜。』」天不言不語，而四季運行，百物生成，這就是上天的善德。孔子因而悟出「人能弘道，非道弘人」（《論語・衛靈公篇》）的道理，認為上天把行道的神聖責任託付給人，便是人依循天道，發展出道德人生的最佳依據。

上天不但提供我們生存發展的空間，而且還進一步啟示我們生無憂、死無懼的安心途徑。一陰一陽之謂道，為何我們不依循易理，走出自己的光明大道呢？

〈繫辭上傳〉曰：「樂天知命，故不憂。」這當中必須透過內自省的功夫，至少做到曾子所言：「吾日三省吾身，為人謀而不忠乎？與朋友交而不信乎？傳不習乎？」我們應當經常玩味爻辭、賞析卦象，依易理調整自己的言行，最重要的是不輕易放棄上天賦予我們的自主權，能由自覺、自省而自律。

經常玩味爻辭，觀析卦象，

依易理調整自己的言行。

↓

不輕易放棄自主權和自動性，

促使自己由自覺、自省而自律：

↓

要管別人之前，先管好自己。

↓

時常自我反省，有沒有違背易理？

↓

內省不疚，自然無憂無懼。

二、無憂必須做到以憂為樂

《論語・衛靈公篇》：「子曰：『人無遠慮，必有近憂。』」一個人若是缺乏長遠的思慮，必然招致眼前的憂患。孔子則提出了長遠思慮的作法，那就是《論語・述而篇》所言：「發憤忘食，樂以忘憂，不知老之將至。」這是孔子的自我寫照，充滿了自得其樂的快意，應該也是理想人生的境界吧！

發憤忘食，表面上看起來是全力投入，把事情做好，當然可以忘掉憂愁。深一層想，人必須先確立好目標，才可以全力投入，若是跑錯了方向，豈不是徒勞無功，更添憂愁？萬一誤入歧途，後果就更加可怕。人生的目標是什麼？不是賺多少錢、做什麼官、從事哪一種工作，而是「君子謀道不謀食，憂道不憂貧」（《論語・衛靈公篇》）——以行道為目標，才值得發憤忘食。否則像現代人這樣，用性命換取金錢，實在不值得。

樂以忘憂，指的並不是一般人所謂的培養工作樂趣，或從事自己喜歡做的事，像是登山、下棋、打球來自得其樂；更不是打麻將、喝酒划拳，玩物喪志來使自己忘掉憂愁。真正的樂以忘憂，應該是把所有令人憂心的事，都視為富挑戰性的樂趣。我們常說：「天下無難事，只怕有心人。」同樣的道理，我們也可以說：「天下無憂慮，只要養成逆來順受的良好習慣。」既然人要弘道，哪裡有萬事順遂的道理？大抵現代人一生的遭遇，大多比不上孔子當年的困厄。孔子有那麼高深的學問，卻一直到五十一歲時才出任中都宰，即使有出色的表現，卻由於國君不爭氣，使孔子知道不值得再為他効命，只好離開魯國。孔子周遊列國，吃盡苦頭，尚且能夠樂以忘憂，為什麼我們做不到？

人無遠慮，必有近憂。

缺乏長遠的思慮，必然招致眼前的憂患。

↓

先確立人生目標，而行道是最好的目標。

↓

人能弘道，非道弘人。

以行道為目標，才值得發憤忘食。

↓

樂以忘憂，並不是沉迷於自己喜歡做的事；

也不是培養工作樂趣，來使自己忘掉憂愁。

↓

真正的樂以忘憂，應該是把所有憂心事，都視為富挑戰性的樂趣。

所有憂慮，都在幫助自己成長！

三。一陰一陽不過一念之差

一陰一陽當然不是指一個陰、一個陽，因為陰陽究竟是一還是二？答案恐怕只有一個——「很難講」。說陰陽是一，它明明是二；說陰陽是二，它又可以合於一。可見《易經》所說的數，是有生命的，不同於數學的數字那樣沒有彈性。一內涵二，是太極生兩儀的最好解說。一內涵二，隨時可以分開來，陰是陰，陽是陽。然而陰中有陽，陽中也有陰，兩者永遠不分開。我們的頭部是陽，雙腳的腳底是陰。但是頭的臉部是陽，後腦部分又是陰。雙腳行走時，靜止的一腳為陰，走動的一腳為陽。頭部是陽，所以溫度最好比腳部為低；腳部為陰，卻要保持比頭部略高的溫度。陰陽既是一，又是二，可說是亦一亦二，聽起來有點奇怪，但更符合實際情況。陽極生陰，陰極生陽，可以說一陰一陽不過是一念之差。就如同苦樂之間，有時也分不開。看它是苦，便是苦；看它是樂，似乎就真的很樂。人類的感覺非常主觀，們我們卻常常說自己很客觀，這豈不是主觀到感覺自己客觀嗎？貧可以樂，稱為安貧樂道。貧也可以憂，不憂怎麼算貧呢？孔子當年盛讚顏回處於那樣艱苦的生活環境下，一般人會不堪其憂，顏回卻能夠不改其樂。同樣的天氣，有人認為陽，有人則認為陰，不過是一念之差，卻衍生出兩極化的感覺。心想事成也可以解釋為當心念一改變，外界的環境就會變成我們所想像的那樣。我們可以不過顏回那種清貧的生活，但他高貴的情操與安貧樂道的精神，卻是值得我們效法與學習的。

同樣的天氣：有人喜歡，有人厭惡。

同樣的情況：有人欣然，有人怨嘆。

↓

顏回生活困苦艱難，卻不改其樂。

↓

證明憂或不憂，懼或無懼，全在一念之間。

↓

憂懼與不憂不懼，兩者既不是一，也不是二。

↓

而是：亦一亦二。

四・塞翁失馬便是最佳案例

《淮南子・人間訓》記載一則故事，大意是這樣的：塞上有一戶人家，騎馬的技術很好，有一天，馬忽然跑掉了，不知道跑到哪裡去？大家都為塞翁感到可惜，他卻認為這未必不是件好事……幾個月後，跑失的馬，居然招朋引伴，帶著好幾匹駿馬返家。當大家都向塞翁道賀時，他卻認為這不一定是好事，說不定會招來禍患……有了駿馬後，他的兒子經常「飆馬」，結果被摔斷了腿骨。大家都說他運氣不好，塞翁則認為很可能轉禍為福。果然不久之後，胡人打到塞上，年輕力壯的人，為了保護家鄉，勇敢禦敵，死了很多人。由於兒子腿骨折斷，尚未復原，因而父子都沒有參與作戰，反而無事。由此觀之，禍福不但無常，而且還會互相倚伏。老子說：「禍兮福之所倚，福兮禍之所伏。」正會忽然轉變為邪，善會忽然轉變為惡。所以我們常說：「塞翁失馬，焉知非福」。在日常生活中，福常潛伏著禍的因素，禍也常含藏著福的因子。禍與福既然相依相生，我們為什麼要喜福而惡禍呢？要求福反而招來禍，還不如不求。趨吉避凶，結果說不定更為凶險，何苦來哉？

如果占卜的結果並不理想，還要不要行動呢？若是不行動，說不定在小小的險阻後頭，會引出大大的吉順，換了一條路走，原本該有的好運，豈不是憑空不見了？《易經》的卦序，提醒我們觀察事物時，不應該只停留在眼前這一卦，還應該把相關的各卦，做出更為全面的考量。不要為眼前的困境所惑，以致喪失了良好的機緣。也不要為當下的吉順所迷惑，有時反而會招來可怕的禍患。《易經》的理想狀態是无咎，而不是一般人所嚮往的大吉大利，這點值得我們深思。

塞翁失馬，焉知非福？

↓

福可能變禍，禍也可能變福。

禍福無門，唯人自召。

↓

凶可能轉為吉，吉也可能造成凶的後果。

↓

如果能認清楚這點，就不會盲目的求神問卜。

↓

《易經》的理想狀態，既不是凶，也不是吉，

而是「无咎」。

↓

平安過日子，快樂似神仙！

五、卦序提供各種牽動關係

《易經》中引用了某些殷商和西周之間的事件，希望後代子孫記取失國的慘痛教訓，加上盤古開天、女媧補天這些傳說，都証明了中華民族重視歷史，具有濃厚的歷史意識。我們深信，人類在洪荒時期，由於沒有文字，所以往往無法分辨寓言與實事。有了文字之後，首先要做的事，就是記載天地如何開闢？古人如何創制？所以在黃帝以前，史書所記載的伏羲、女媧、神農，其形貌、事業、年壽，都介乎半人半神，可以說都是神話。有人懷疑伏羲即是盤古，前者伏為輕音而讀義為柔音，後者喰盤為重音而古為重音，不過是音變而已，想來也有相當道理。《易經》以乾（天）坤（地）並列為首，表示開天闢地。然後繼以屯卦（䷂），象徵人類始生，同樣在說明人類的歷史從開天闢地開始。接下來的：山水蒙卦（䷃）、水天需卦（䷄）、天水訟卦（䷅）、地水師卦（䷆）、水地比卦（䷇），都和水（☵）有密切關係，這與科學研究証實地球生物從水中開始，然後到空中，再發展到陸地，其過程完全符合。

卦序的排列，實際上也是歷史意識的呈現。能夠排序得如此合理，實在是不可思議，而經過了三千年的考驗，大家似乎已經口服心服，樂而從之了。我們可以把它懸掛起來，每當看到一個卦象時，最好能把它的前因後果，以及所呈現的卦象也一併加以觀察，體會其連貫性與關連性，然後合在一起全盤考量，應該可以更深一層瞭解所處的狀況與可能的變化，看開而不看透，自然可以減少憂懼。

卦序經過巧妙的安排，實屬不可思議。

↓

屯䷂（始生）⟶蒙䷃（啟蒙）⟶需䷄（需要）⟶訟䷅（爭執）

一卦接著一卦發生，十分自然而富有連續性。

↓

卦序的安排，合乎我們的歷史意識。

↓

鑑古知今，吸取古人寶貴的經驗。

↓

由卦序看出各種可能的牽動關係，可加以全盤考量，做出判斷。

六・止欲修行以期無憂無慮

心易的真正的功夫，還是要靠自己止欲修行。《莊子・至樂篇》指出：「人之生也，與憂俱生。」日常生活當中，無論鬼神、雷電、黑暗、曠野、懸崖、深潭、生人、群眾、動物、考試、表演、怪聲、骯髒、死屍、惡夢……都會引發恐懼。現代人生活緊張，失業、減薪、降級、癌症、世界末日、恐怖份子……更會令人疑神疑鬼，隨時有恐懼不安的感覺。

害怕貧窮，憂心兒女不肖，在家擔心被偷、外出害怕被搶……種種憂心，雖然明知其為自尋煩惱，卻又如影隨形，弄得現代人精神萎靡，心情痛苦。追本溯源，其實憂懼都來自於與生俱來的欲望，以及貪得無厭的心理，迫使著我們一生都在欲心中煎熬，至死方休。倘若能夠自我節制、適可而止，分清楚可欲與不可欲，盡人事以聽天命，儘可能立公心、去私心，合理止欲，應該可以有助於達到「生無憂」的境界。

而對死亡恐懼，主要源於避諱——不敢想也不敢說，以致因無知而產生莫名的恐懼。長久以來，我們扭曲了孔子所說的「未知生，焉知死」（《論語・先進篇》），認為不必瞭解死亡的真相，不幸卻增加了對死亡的恐懼。其實人有生必有死，自古以來從無例外。孔子的用意，是要分出先後。先知生，然後才知死，鼓勵大家在有生之年，把應該做的事情做好，當死亡來臨的那一刻，自然能夠走得心安理得，而無所恐懼。這種修養，在以前叫做「修身」，而現代人受到宗教的影響，稱為「修行」，實際上沒有多大差別。止欲修行，應該是生無憂而死無懼的最佳途徑。《易經》的艮卦（䷳）在這方面有很好的啟示，值得我們多加體會。

止欲修行

欲望無窮，又貪得無厭，
是憂懼的主要根源。
分清楚可欲與不可欲，
自然能知足常樂，
精神愉快。

修行就是修身，不一定要
和宗教有所牽連。
把自己修養好，提升品德
修為，自然就能做到無憂
無懼。

《易經》的艮卦，在這方面有很多啟示，
值得我們用心體會，努力實踐。

我們的建議

1 一般人過富裕生活就覺得快樂；遭遇貧窮便感覺痛苦憂愁。把物質生活的享受，列為人生的首要目標，殊不知社會的動亂與不安，實際上就是因此而起。

2 對於死亡一事，明知不可避免，但由於誤解了「不知生，焉知死」的真義，所以不敢說、也不敢想所有關於死亡的事情，導致對死亡充滿了莫名的恐懼。

3 實際上有生就有死，人們對遲早必須面對的死亡，應做出合理的瞭解與認知，以期能減少對死亡的恐懼。

4 事實上，一個人只要內省不愧疚，事事求心安理得，自然可以無憂無懼。問題是：大部分的人既做不到、也不肯用心這樣做，因此才會生時多憂愁，而死時心存恐懼，可說完全是自作自受。

5 艮卦（䷳）是《易經》的第五十二卦，提醒大家止欲修行的要領。若能明辨可欲與不可欲，而又能知足常樂，並且對人生所面臨的艱難險阻做出深切的領悟；對人生最後的死亡，做充分的心理準備，自然可以生無憂而死無懼。

6 仁者樂山，對艮卦有所瞭解的仁人，才能夠靜以修身、儉以養德，做到孔明所言：「澹泊以明志，寧靜以致遠」。止欲修行，應該是生無憂而死無懼的最佳途徑。

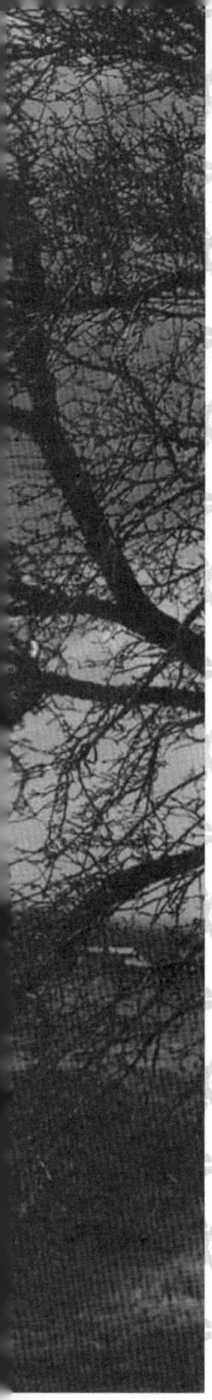

《第三章》

艮卦
有哪些重要啟示？

艮卦艮上艮下，表示人生有兩個階段：
先求生存，能活下去；再求生活，活得像人。

人的下半身與動物無異，上半身卻應該有所不同，
下艮以心止欲，上艮才能腦筋清楚，而為所應為。

下艮完成，要有感謝心，不驕不亢，
繼續向上艮邁進，以求成為萬物之靈。

孔子對於艮卦的啟示和實踐，
可以當做我們止欲修行的參考。

仁者樂山，及時制止欲望的增長。
壽比南山，是健康長壽的自然效果。

山象徵止，卻名為艮，表示當進即進。
人人都應該求上進，但務必適可而止。

一。正確人生目標不能改變

相傳易有三種：《連山》、《歸藏》、《周易》。前兩者已經失傳，《周易》則一直流傳到至今。夏朝特別重視艮卦，把它安放在《易經》的首位，很可能是山脈的穩定性，有助於忠的發揚。期望大家能忠心耿耿，使夏朝像山脈那樣綿延不斷。商朝繼夏興起，不願意繼續走夏朝的路線，改以坤卦為首位，希望以大地的歸藏精神，保持強大的實力，以期變而能通，使國運昌隆。周朝滅商，認為領導者坤柔不如乾剛，改置乾卦於首位。依據《連山》取艮卦的忠，《歸藏》取坤卦的厚，《周易》應該是取乾元的周流曲進，祈求國運能長長久久，循環不已的意思。

艮卦（䷳）上艮下艮，告訴我們山外有山。人生是持續性的發展，相當於登山，爬到一山的山頂，也不能停止，更不應該驕傲自滿。休息一下，再登下一個山。並不存心征服，而是鍛鍊自己，提升自我。活到老學到老，至死方休。我們不必為功名利祿而苦惱，不必為子孫幸福而擔憂，應該要為自己的人生目標奮鬥不懈。因此人生目標必須光明正大。對一般人來說，是先有卦象，然後才悟出其中的道理。但是聖人剛好相反，是先有哲學思想，然後才據以創作卦象。既然有聖人引領，我們最好先確立人生目標：由自覺而自律，自主地遵行易理。先從君子做起，逐步提升自己。學習山的精神，由平地升起，一座比一座高，也一座比一座清靜幽美，令人心曠神怡，寵辱皆忘。我們當自覺有道德心，自勉成為道德人，朝向「人為萬物之靈」的目標而努力，這種人生目標一經確立，便終生不能改變。

出人頭地

人為萬物之靈：享受自在生活。
心曠神怡，寵辱皆忘。

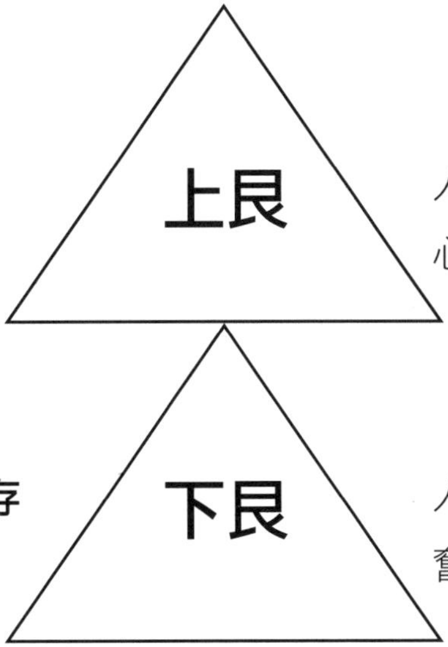

在人群中謀生存

人為動物：求生存。
奮鬥努力，不斷提升。

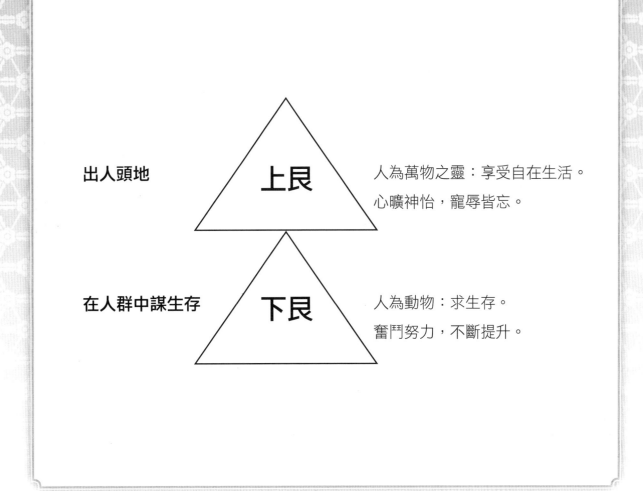

二、以人體部位取象有深意

艮卦（䷳）以人體器官的部位取象，初爻為趾、六二為腓（小腿）、九三為心、六四為身、六五為口、上九為腦。（艮是震的綜卦，震的卦主是初九，正好是艮卦的上九。腦筋清醒靈活，才能凡事適可而止）。人在腰部以下，和動物沒有什麼不同，只有在腰部以上，有機會成為萬物之靈。如果自我放棄，一生過著動物生活，那就是自作自受。

下艮以九三為主，九三為心，所以重在修心。荀子將人的好惡喜怒哀樂稱為「情」。由好惡的「情」，發展為「欲」與「不欲」。一般人「欲」則「追求」，「不欲」便「制止」。所以兒童好奇好玩，長大以後，各種欲望不斷增加。身長不滿七尺而煩惱無窮，真是何苦來哉！《易經》的主要功能是心易。下艮以心為主，即在啟示我們當用心分辨可欲與不可欲。可欲則追求，不可欲便制止。凡事只問應該不應該，不問喜歡不喜歡。

下艮的止欲功夫，是奠定修行的基礎。要想做個有價值的人、有資格成為萬物之靈、不負天地生人的期望，就應該持續自我提升，向上艮邁進。於是上九的腦筋清楚，便成為修行的目標。一個人唯有腦筋清楚，明白自然規律，認清自己是自然的一部分，必須遵循自然規律，而不能創造自然規律，才有修治好自己的可能。

艮卦大象曰：「兼山艮，君子以思不出其位。」「兼」是「重」的意思，上艮下艮相重，即為兼山。天生我材必有用，人活於世，必然會有適合自己位置，最好能止欲修行，做好自己。

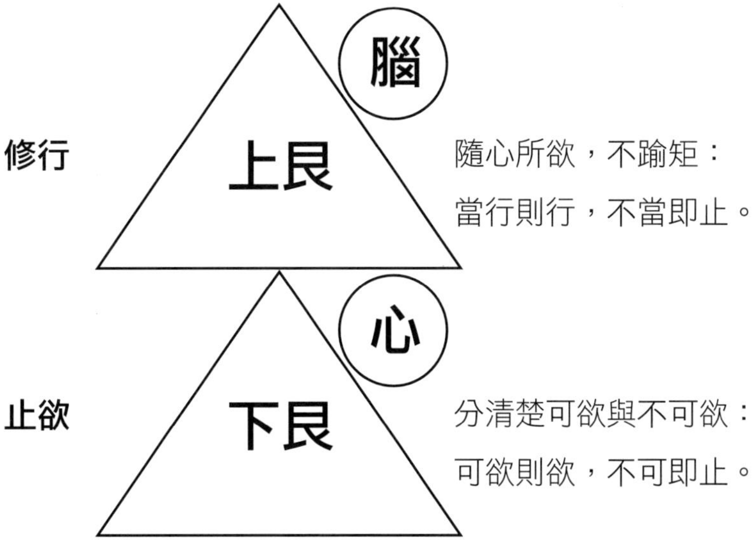
腦
修行
上艮
隨心所欲，不踰矩：
當行則行，不當即止。
心
止欲
下艮
分清楚可欲與不可欲：
可欲則欲，不可即止。

三、孔子對艮卦的寶貴啟示

《論語．為政篇》記載：「子曰：『吾十有五而志於學；三十而立；四十而不惑；五十而知天命；六十而耳順；七十而從心所欲，不踰矩。』」此乃針對艮卦（䷳）的寶貴啟示。

十有五到四十，為下艮的止欲階段，以修心為主。十五歲時，立定求學志向。三十歲便能夠應用學得的道理來立身行己。對於「可欲」與「不可欲」，自有判斷的尺度。到了四十歲，對於自己的拿捏分寸，有相當的信心，不致為各種言論所迷惑。這時候就可以進一步探究性與天命，也就是由下學而上達。

孔子提出「盡人事以聽天命」的主張，便是告訴我們「一輩子的努力，不過是在証明自己有什麼樣的命」？當我們嘴巴說「上天保佑」時，最好心裡想的是「自己必須盡力」，才合乎〈繫辭上傳〉所說的「自天佑之，吉无不利」。一個人盡力而為，到了四十、五十，還沒有什麼可以稱道的，大概這輩子也不會有什麼了不起的表現了。這時候修養品德、提升自己，應該是最好的途徑。五十知天命，表示一個人活到五十歲，回頭看看自己的人生，應該會有「一切都是巧妙的安排，就是要把自己造就成今天這般模樣」的感受。對於別人的毀譽，最好不置可否，淡然處之，因為我們這一生，本來就是要過和別人不一樣的日子。別人不是我，當然不會明白我的人生目標。六十而耳順，便是對別人的觀感，抱持「無可無不可」的態度。只要自己能夠把握「不踰矩」（不踰越自然規律的尺度），便可以隨心所欲，過著安足自在的生活。

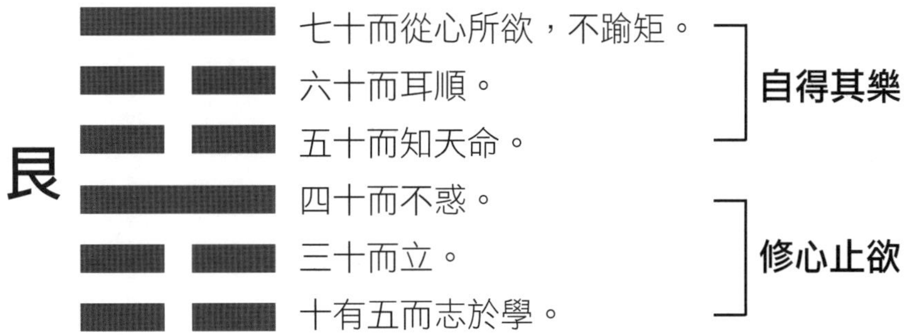
艮
七十而從心所欲，不踰矩。
六十而耳順。
五十而知天命。
四十而不惑。
三十而立。
十有五而志於學。
自得其樂
修心止欲

四．孔子對艮卦的實踐效果

《論語．學而篇》首先指出「學而時習之，不亦悅乎！有朋自遠方來，不亦樂乎！人不知而不慍，不亦君子乎」；我們不妨把它和「十有五而志於學；三十而立；四十而不惑」合起來想。「志於學」是理想的目標；「學而時習之」是具體的實踐；「不亦悅乎」則是所獲得的效果。「三十而立」是預設目標，「有朋自遠方來」顯示自己安身立命，有了志同道合的朋友，而且還願意不辭勞苦地從遠方來訪，當然十分愉快。「四十而不惑」，堅定「不患人之不己知；患己不知人也」的信念，實踐的效果，便是「人不知而不慍，不亦君子乎！」孔子自述：「富與貴，是人之所欲也；不以其道，得之不處也。貧與賤，是人之所惡也；不以其道，得之不去也」，用「正當」、「不正當」來明辨自己的「可欲」與「不可欲」。《論語．里仁篇》記載「義之與比」的原則，便是以正當與否為標準，來嚴格區分可欲與不可欲，絲毫不能苟且。

《論語．述而篇》所言：「發憤忘食；樂以忘憂；不知老之將至」，則是上艮的實踐效果。一個人要發憤忘食，必須在四十而不惑之後，才不致浪費時間和精力。經過探索、確定人生目標，不再迷惑，當然可以發憤忘食。而樂以忘憂，並不是把憂愁忘掉，而是把所有憂愁，都當做樂趣看待。因為知天命之後，必然知曉這些憂愁，都是用來提升自己的，又何憂之有？不知老之將至，實際上是從心所欲，不踰矩的快樂生活，年齡已經沒有什麼值得擔心害怕，所以想都不去想。腦筋既清楚又靈活，服老而不認老，當然十分自在快活。

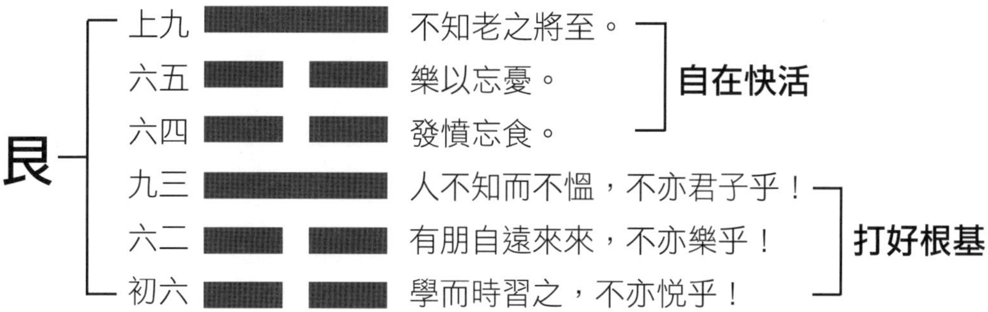
艮
上九
六五
六四
九三
六二
初六
不知老之將至。
樂以忘憂。
發憤忘食。
人不知而不慍，不亦君子乎！
有朋自遠來來，不亦樂乎！
學而時習之，不亦悅乎！
自在快活
打好根基

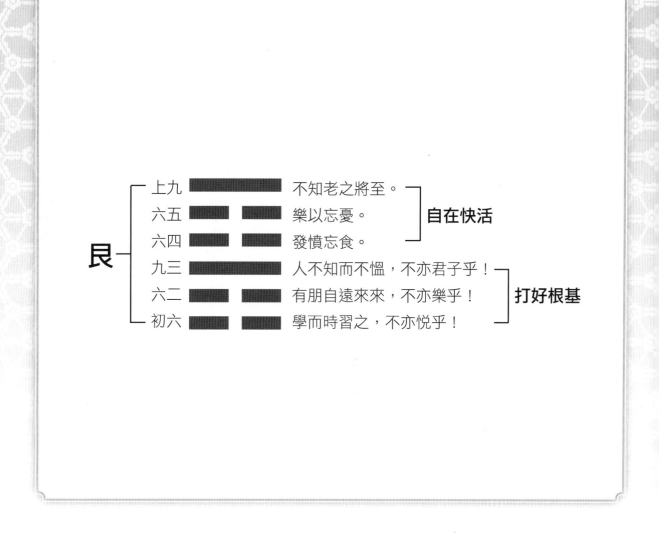

五．仁者樂山因為壽比南山

〈繫辭下傳〉指出：伏羲氏仰首觀察日月星辰，以明天象。祂從近處取法自身，從男女身體仔細觀察。那時候沒有衣服，人類大多赤身露體，很容易就能看出男女的最明顯差異——生殖器官不同。因此用「⚊」或「⚊」表示男性，以「⚋」或「⚋」象徵女性，應該是十分自然的事情。男女交合，即成「⚍」或「⚎」，便是「仁」字的由來，含有「好好做人」的寓意，從出生前到出生後，都應該如此。由男女二人交合，推廣到人與人的相親相愛，所以「仁」即「愛人」。

仁者樂山，表示人人都應該依循艮卦（☶）的啟示，止欲修行，才能把人做好、好好做人。艮卦（☶）一陽爻居於兩陰爻之上，象徵陽爻已經上升到最高點，必須適可而止。兩陰爻原本安靜，與陽爻形成上止下靜的狀態。陰陽各安其位，所以艮卦彖傳說：「動靜不失其時，其道光明。」食、色是人的大欲，如果能夠動靜不失其時，做出合理的節制，並且推廣擴大，做到凡事必定心裡光明磊落，手段正正當當，必然成為普受歡迎的仁者。由於時刻樂在其中，心情歡悅，也就健康長壽，自然獲得壽比南山的效果。

現代物質文明愈盛，人類的欲望就愈多。動物只知道爭取生存，人類卻盲目地製造緊張氣氛。日夜痛苦的情況，日趨嚴重。憂鬱症、躁鬱症、恐懼、失眠的人日愈增加。《論語・述而篇》記載：「子曰：『仁，遠乎哉？我欲仁，斯仁至矣！』」現代人想要依據艮卦止欲修行，同樣是有心如此，很快就能實踐。一切自作自受，就艮卦來說，也是如此。

荀子說：人生而有欲。

老子說：食色性也。

↓

我們的腦海裡，時時充滿欲心。

一生都在欲心裡煎熬，終生苦惱。

↓

仁者樂山，告訴我們依艮卦止欲修行，

合理節制欲望，內心自然歡愉，也能減少憂愁。

↓

健康愉快，可以長壽。

↓

壽比南山，是自然的效果。

六、該進當進應該止就要止

飲食男女的欲望，固然是推動人類文明的原動力，但是人類文明，倘若只是為了滿足飲食男女的欲望，和禽獸又有什麼區別？人類文明的發展，應該是要提升人類的品德修養、充實人類的精神生活、促使人類成為萬物之靈，不致淪為萬物之賊。所以努力奮鬥，力求上進，原本是人人必須善盡的責任。艮卦（䷳）不取名為止卦，便是期勉大家應該進就要進，只要合理地適可而止，不因私欲的擴張而危害他人，便是仁者的修養。

艮卦（䷳）自初爻到上九，都以人體各部位取象，用意在推究不同時空的止點，現代稱為「停損點」。人生的每一個階段，都有「止於本位」的「止」，至少可分成「初基」和「大成」兩個階段，讓大家登了一個山頭之後，得以稍為休息，謝天謝地之餘，再發憤忘食，樂以忘憂，看看能不能追隨孔子的足跡，做到不知老之將至，而且能從心所欲，不踰矩。從下學到上達，都獲得良好的效果。艮為止，但是上面加上一點，即成為「良」。一個人若能憑良心，就至少可以和禽獸有所區隔，完成初步的修養基礎。持續不斷地立公心，應該能夠止於上九的至善，而功德圓滿。

憑良心止欲修行，立公心為社會做好事，不必在乎別人怎樣想、怎樣做，只要求自己躬親力行。凡事以合乎自然規律為標準，秉持當進則進、當止即止的原則。久而久之，習慣成自然，就能像山那樣堅實，不受外界的影響。為人君止於仁，為人臣止於敬，為人子止於孝，為人父止於慈，與人交往止於信。人人止欲修行、守分而為，何等快樂自在！

欲望促使我們奮發努力，
卻也帶來很多不良後果。

↓

妥善尋找合理的停損點，
使後遺症降至最低。

↓

艮字上面加上一小點，便成良字。
憑良心止欲修行，是最佳途徑。

↓

人人憑良心，大家都和諧。
時時立公心，共同為公益。
自己先力行，不計較他人。

我們的建議

1 現代人的共通毛病中，最嚴重的一則是腦筋不清楚。囿於專業化的過度分工，以致各有盲點、知偏不知全。可嘆的是，這種人往往自己既看不見，又聽不進別人勸告，固執己見，還嘲笑別人有偏見。

2 分科研究，更需要科技整合。可惜各科都在設置溝通障礙，用很多專業名詞，使外行人聽不懂，結果害苦了自己。少數人更用以欺騙外行人，以自己也不是很懂，充其量只是比別人略懂的知識來騙取金錢，美其名為「知識經濟」，可怕又可嘆！

3 艮卦（䷳）的修養，主旨在適可而止。下艮為求生存，不得不做給別人看。用心止欲，才能與人和諧共處。上艮求快樂自在地生活，主要在做給自己看。腦筋清不清楚，只有自己心裡明白。唯有自省自覺，才能掃除自己的盲點。

4 修身止謗、服藥止痛、淨心止惡。萬物都能止其所應止，唯獨人類不能各安其位，這是什麼道理？是蒙卦（䷃）出了問題？還是需卦（䷄）被誤解了？亟須看分明。

5 規規矩矩做事、實實在在做人，原本是每個人都應盡的本份。然而現代人腦筋不清楚，心也跟著亂掉了，言行不正，社會秩序日趨混亂。為求正本清源，最好能多用心體會「止」的要領。

6 「艮」字上面加上一點便成為「良」字。現代人什麼都要，就是不憑良心，認為良心不能當飯吃，值不了幾個錢。正本清源之道，就是人人憑良心、時時立公心，把天理良心找回來，做一個有天良的人，讓我們共勉之。

《第四章》

艮卦
六爻有哪些啟示？

初六艮其趾，務必管住自己的腳趾頭。
凡事慎始，剛開始想動，就要嚴加管制。

六二艮其腓，小腿不能亂動，否則全身都會妄動，
儘管心裡不暢快，也要想辦法抑止不當行為。

九三艮其限，表示限止本身也有其侷限性，
並不是想限即限，想止使止，所以修心十分重要。

六四艮其身，上身不妄動，當然沒有禍害。
上身不妄動，表示修心已經收到良好的效果。

六五重在修口德，心壞沒人知，口壞傳千里！
說妥當話，說得有條理，不妄言自然能收悔亡之效。

上九是卦主，能以敦厚，穩重來自我抑止，
必然是腦筋清楚，可以隨心所欲而不踰矩。

一・初六艮其趾即止而不行

艮卦（䷳）啟示我們：言行應當自我節制，力求動靜得宜，適可而止。卦名為艮，取象於山上有山。我們把山上有山合起來看，形成一個「出」字，是不是真正的出人頭地，即在大象所言：「君子以思不出其位」呢？上艮下艮，象徵兩山重疊，稱為兼山艮。扮演好自己的角色，要從及早抑止私欲著手。卦辭說：「艮其背，不獲其身；行其庭，不見其人，无咎。」，「背」指人的背部，「艮」為山，有如人的背脊。當我們看見一個人的背脊時，表示此時看不見這個人的臉。艮卦（䷳）九三及上九為陽爻，其餘四爻都是陰爻。九三處於最為凶險的地位，上有六四、六五兩陰爻壓著，下有初六、六二兩陰爻困著，象徵前不見人，後不見身。當我們看見一個人的背，就看不見他的面，也看不見他的身。行走在同一個庭院中，彼此距離很近，卻由於互相背對背，以致看不見對方。為什麼看不見反而无咎呢？因為我們全身都有欲念，只有背部可以真正做到「眼不見為淨」，不為欲望所役使。能夠背對欲望，不為欲望所驅使而勞神耗力，當然无咎。「艮」是抑止，人要不受欲望所惑，最好的辦法，便是不看它、背對它。

初六爻辭：「艮其趾，无咎，利永貞。」初六位居全卦的最下位，相當於人體的最下方部位，也就是腳趾頭。當我們想要有所行動時，總是先動腳趾頭。「艮其趾」就是控制自己的腳趾頭，使其不致亂動，可求无咎。但是初六以陰爻居陽位，顯然柔弱而難以長守正道。所以爻辭特別提醒，長久保持合理的操守，也就是「利永貞」，才能長守正道，方為有利。

艮

初六，艮其趾，无咎，利永貞。

初六陰居陽位，腳趾頭剛好起動，仍在柔順之時，比較容易管制，只要常常記住：永久保持慎始的良好操守，可保无咎。就個人來說：一言一行務求慎始，是修身的良好基礎。就組織來看：基層員工務必規規矩矩做事、實實在在做人，一切依照工作規範，遵守規定，必然受歡迎而无咎。慎始是良好習慣，有利於永久保持。

慎始，當起心動念之際，就要加以合理的規範。

二．六二艮其腓全身不行動

艮卦（䷳）彖辭說：「艮，止也。時止則止，時行則行，動靜不失其時，其道光明。艮其止，止其所也；上下敵應，不相與也；是以不獲其身，行其庭，不見其人，无咎也。」

艮這個字，在《易經》中除了艮卦之外，都沒有出現過。《說文》指出「艮」是「狠」的意思，要止欲並不簡單，必須狠心才能奏效。用艮不用止，表示當行還是要行，否則豈非坐以待斃？但是當止則止，就非狠心不可。能夠動靜咸宜，恰到好處，當然要配合時機，這樣的艮道，才算廣大明敞。艮卦的止，只是止其所當止。卦中六爻，初與四、二與五、三與上，都是同性質的爻，並不相應，難以配合。必須狠心地背對背，互不見面，才能自我制止而獲得无咎。

初六象說：「艮其趾，未失正也。」背對背的時候，往往由於好奇，想偷看對方。一旦腳趾頭不能保持正位，稍為轉一下，就能看見對方，難免會受到誘惑，而控制不了自己的言行。

六二爻辭：「艮其腓，不拯其隨，其心不快。」腓指小腿，先止住腳趾頭，再止住小腿。這時候發現六二在九三之下，最好柔承剛，順應九三的心願。倘若心（九三）想動，而六二卻止住不動，相當於不能承（也就是不能拯）上（九三）而隨著心行動，以致心中覺得不愉快，這是必然現象。

小象曰：「不拯其隨，未退聽也。」「拯」是承的意思，「不拯」表示不能承九三的意思，也就是不能隨心所欲。主要的原因，是九三陽居陽位，又在下艮的究位，極易剛愎自用，不能退而聽從六二的勸告，才會其心不快，奈何！

艮

六二，艮其腓ㄈㄟˊ，不拯其隨，其心不快。

六二居下艮之中，又以陰爻居陰位。既中且正，可惜與六五不相應，又要上承九三的旨意。現在抑制小腿的行動，顯然不願意追隨九三以致心中不暢快。從個人來看，小腿一動，全身勢必都跟著動起來。小腿要不要動？最好以合理為標準，該動時要動，不該動便不動。所以聽從良心的指示，最為妥當。就組織而言，基層主管，必須遵循上級指示，應該變動的，才合理加以改變。否則一切依照規定，遵守規矩，才是長治久安的正道。

合理調整，必須憑良心多方考慮，不可妄動。

三。九三凡事憑良心求安心

艮字原本是狠的意思。看到山有兩種不同的反應：一是狠心放棄，不去攀爬；一為狠心面對，務必登上山峰。或進或退，要想獲得良好的成果，都需要相當程度的「狠」。度在哪裡？怎麼樣才合理？我們在艮字上面，加上一點，就能變成「良」——表示憑良心，看各人的狀況，便能找出合理點。

狠有合理，也有不合理。合理的狠，稱為果斷，是一種負責任、盡本份的表現；不合理的狠，便是不負責任，不守本份的狠心拋棄，我們稱之為狼心狗肺，沒有人性。

九三能不能憑良心？是為人處事的關鍵。若能體諒六二的居中守正，退而聽從六二的勸阻，就不致其心不快了。

初六和六二兩爻，都在提醒我們要動靜不失其時。九三爻辭說：「艮其限，列其夤，厲薰心。」「限」是界限，我們上身和下體的界限在腰部。人們通常會用腰帶把它束起來，以免腹部日愈擴大，影響到自己的壽命。因為腰圍大一寸，壽命就要短好幾年。「列」即裂，「夤」為背脊兩旁的肋骨。「列其夤」的意思，是腰部勒得太緊，搞得背脊兩旁的肋骨都幾乎快裂開來。也可以解釋為緊到肋骨一根一根排列可見。這時便有如以火薰心，十分危厲不安。小象曰：「艮其限，危薰心也。」便是九三位居上艮下艮的界限，處於腰部。腰的上面是心，腰部的幾根骨頭，被束縛得根根可見，心還能安嗎？「危」就是厲，表示不當止而止，也就是止的不得其所。九三是下艮的主爻，最好謙虛對待部屬，聽取六二的勸阻，當止才止，不當止便不應該止，如此才能安心。

艮 ䷳ 九三，艮其限，列其夤，厲薰心。

九三陽居陽位，是當位的爻。由於位居下艮的究位，象徵限止本身也有其限度，並非想限便限，要止就止。倘若抑止不當，也會招致眾叛親離的不良後果。限指腰部，界於上身，下體之間，正好是九三的位置。管得太嚴，相當於腰束得太緊，有如背脊裂開，如火薰心那樣難受。就個人而言，修心十分重要，做好心理建設，認定自己的合理限度，自然能樂於承受抑制，而不覺得痛苦難受。以組織觀點而論，中堅幹部必須收心，化私欲為公心，多為大家設想，少為自己盤算，掌握合理的度，才能有效地承上啟下。

做好心理建設，適度抑制自己身心的欲望。

四、六四艮其身宜反躬自省

艮（䷳）艮上艮下，稱為兼山。意思是人生的旅途，有重重險阻，有待我們一步一步去面對、去克服。我們由近而遠，自卑向高，一步一步地自我提升。艮下的重點在修心。一言一行先求慎始，先用心仔細想想，可說不可說，可欲不可欲，可行不可行？考慮妥當再行動，才不容易招致禍患。

六四爻辭說：「艮其身，无咎。」六四為上艮的始爻，象徵人的上身。又以陰爻居陰位，當位得正，表示能夠止其所當止。由於自我控制得宜，並不妄動，所以得能无咎。

小象曰：「艮其身，止諸躬也。」

「止」為抑止，「諸」為之於，「躬」即自身。「止諸躬」表示抑止自己的上身，使其不致妄動，唯有如此才能无咎。

艮卦（䷳）的卦辭，明明說要「艮其背，不見其人」，也就是看不見身體的前面，才合乎艮道的要求，為什麼六四爻辭，卻說「艮其身，无咎」呢？因為身泛指身體上的許多器官，倘若這些器官，都能夠接受九三憑良心的指引，動靜咸宜而獲得心安，這時「艮其身」就表示行動合理，當然无咎。

「艮其身」表示身體休止，不妄動，此時心神寧靜，安份守己。「止諸躬」也可說成只能獨善其身，因為六四柔順，不足以影響九三的陽剛。換句話說，九三的心能不能安？身體是管不住的。六四以陰爻居九三陽爻之上，有陰乘陽的劣勢，雖然无咎，卻僅能自我節制，不能影響九三。六四的最大功勞在反躬自省，建立自己的合理行為規範。若能由外而內，就能對六五帶來正面助益。

艮 ䷳ 六四，艮其身，无咎。

六四陰居陰位，是當位的爻。這時候下艮的修養已告完成，止欲修行的初基告一段落，正式進入上艮的大成階段。六四是上艮初位，已經能夠合理地抑制自己的身心，所以无咎。就個人來說，修己的功夫，已經有良好的基礎，但是頭腦中的雜念以及諸多困惑，仍待進一步釐清，保持利永貞的精神，才能无咎。依組織觀點，中階主管，至少要管好自己，才能有效地領導部門員工。

修造自己，管好自己的行為，不妄動。

五．六五不妄言才能夠守中

艮卦（䷳）六五爻辭：「艮其輔，言有序，悔亡。」

「輔」指我們的顎，是說話的器官。擴大來說，「艮其輔」便是口不妄言。「序」為條理，「言有序」即是說話有條理。一個人修口德，不亂說話，能夠因時、因地、因人、因事說出合乎自然條理的話，就算有悔恨，也必將因而消失，所以說「悔亡」。換句話說，若是口不擇言，說話缺乏條理，那就會招來禍患，而有所悔恨了。《易經》的爻辭本身就有陰有陽，互依互存，而且陰陽不能切割，表示人的言行，有其必然的侷限性。至於有悔或悔亡，由當事人自作自受。因此孔子才會提醒大家：「不怨天、不尤人」，多多反省自己。

小象曰：「艮其輔，以中正也。」六五居上艮的中位，所以稱為中。六五是陰爻，雖然不當位。卻以柔中處尊位（一卦之中，以五爻位為尊），還能夠修口德、說話有條理，當然是正。六五居中守正，是「艮其輔」的良好效果。換句話說，六五以陰居陽，不是正位。但居上艮之中，可以自我抑制而不失其正，符合艮卦大象所說：「君子以思不出其位」，能夠預先防止，使失言的悔恨消亡於無形。

禍從口出，是大家熟悉的事實。但是知道歸知道，就是控制不住自己的口。稍為大意，便惹出一大堆風波。常常是狂妄的話一出，徒然悔恨不已。偏偏不久之後又重蹈覆轍！殊不知心壞大家還看不出來，嘴巴壞卻會到處得罪人。修口德實在困難，卻又無比重要。多說好話，但是不應該存心討好別人。要說真話，務必說得妥當，不妄言才能守中。

艮 ䷳ 六五，艮其輔，言有序，悔亡。

六五居上艮之中，雖不當位，卻能夠修口德，保持中道而不偏執。輔即顎，指說話的器官。把口管制好，說話有條理，不亂說，自然沒有悔恨。就個人來說：多說妥當話，當然受歡迎。不能討好別人，卻應該彼此尊重。從組織來看，六五是尊位。身為領導人，當然不能不慎言，因為禍從口出，地位愈高，愈是受到大家的注意，更不能掉以輕心。

地位愈高，愈不能不慎言！

六。上九止於至善功德圓滿

艮是靜止的修養，用以防止物欲的引誘。艮卦六爻，初與四、二與五，都是陰爻而不相應。三與上都是陽爻，也不相應。象徵不同的人，有不一樣的嗜好，必須依據自己的實際情況，選擇艮其趾、艮其腓、艮其限、艮其心、艮其輔，還是敦艮，找出各自的合理停損點。同樣一個人，各部分的喜好也不相同，最好反躬自省，找出自己在欲望方面的盲點，加以合理的抑制和疏導。六爻的爻辭，只有上九指出：「敦艮，吉。」這又是什麼道理呢？值得深思。

上九以陽爻居陰位，既不當位，又居全卦的最上爻。按照《易經》的道理，物極必反。艮卦是講求靜止的，敦是敦厚、穩重。艮卦兼山，一陽爻由下向上升，來到重山的頂極，當然有敦厚篤實的吉象。孔子描述到了上九的心情是「從心所欲、不踰矩」——腦筋清楚了，各部位都能夠動靜皆宜，當然可以從心所欲，不必刻意求止，即能做到不踰矩。小象曰：「敦艮之吉，以厚終也。」如果不能夠敦厚、穩重、篤實，也不可能吉順。現在慎始之後，還能夠逐步上升，來到七十而從心所欲的佳境，當然是不踰矩所帶來的吉祥。

上九變爻，便成為謙卦（䷎）。止欲修行，到了腦筋清楚的地步，自然能有如謙卦那樣，六爻皆吉了。

自初爻到上爻，經歷不同階段，或不同部位的合理停損。一路來到上九的敦艮，可以說功德圓滿，也就是我們常說的止於至善。累積各階段、各部位的止，完成全面性的適可而止。再往上走，就可以走入兌卦，而滿心喜悅了。

艮 ䷳

上九，敦艮，吉。

上九來到艮卦的極位，按理說，管制到了極點，當然物極必反，不需要再管制了。因為腦筋清楚，自然而然能隨時以敦厚、穩重、篤實的態度，把亢進的欲望，在不知不覺中消除掉。艮卦六爻，只有上九可獲吉祥，表示即使隨心所欲，也可以不踰規矩了！敦艮的境界就個人來說，是腦筋清楚不糊塗，就算裝糊塗，也十分難能可貴。依組織而言，全員在六五柔性領導下，上九可以高枕無憂，用不著擔心了。

隨心所欲，不會踰越規矩，令人放心。

我們的建議

1 艮卦（䷳）接在震卦（䷲）的後面，〈序卦傳〉曰：「震者動也；物不可以終動，止之，故受之以艮。」事物不可能永遠震動，必須適時抑止，才合乎物極必反的自然規律。艮的意思是止，卻不叫止卦，便是當行則行，應該止才止。

2 震卦（䷲）是艮卦（䷳）的綜卦，表示動和靜是一體兩面，實際上分不開，最好合在一起看，不要分開來想。以自然為標準，動靜咸宜，最合乎自然，也普受大眾歡迎。

3 艮卦（䷳）的錯卦是兌卦（䷹），兩者陰陽相錯，形成強烈的對比。「兌」既是「說」，也是「悅」，表示合理的抑止，最主要的表現在口德良好，能說妥當的話，讓聽者和說者都喜歡，大家很喜悅。我們看完艮卦，最好再看看兌卦，以資共勉。

4 艮卦（䷳）重山相疊，象徵萬事萬物，都具有其侷限性。君子的言行思慮，都有一定的範圍，不應該無限度地自我膨脹，以免害己害人。守份守己，定位守位，是修己的很重要功夫。

5 因時而止，隨時而行。艮卦（䷳）各爻，要求適時做出合理的抑止，以期走上光明的大道。一旦修到頭腦清楚，隨時合理進退，動定咸宜，那就能止於至善，而功德圓滿了。

6 艮卦（䷳）全卦六爻，彼此都不相應，表示任何一個部位，都應該自己好好管制，不能依賴或怪責其他部位。就人群社會來說，自天子以至於百姓，人人皆以修身為重。艮的錯卦為兌，是不是艮才能兌呢？我們接下來看兌卦。

《第五章》

兌卦
六爻說了些什麼？

兑是「喜悦」，把心旁去掉，表示不能存心討好。
兑也是「說」，將言旁去掉，警示不能以言語取悦。

與人相處，基本原則是和而不同，使人不疑。
內心誠信，經得起時間的考驗，才能以心交心，

曲意討好別人，必將失去誠信，反而傷害自己。
以邪媚方式來換取喜悦，不但不能持久，而且有凶險。

倘若求好心切，出現曲意奉承的媚態，
就必須痛下決心，隔絕不當手段，以求重建誠信。

位置愈高，愈容易成為小人取悦的對象，
應該提高警覺，以免遭受小人包圍而有厲。

引誘他人相與欣悦，看起來並無惡意，
實際上就好像不擇手段取悦於人，並非光明正大。

一、初九和而不同使人不疑

咸卦（䷞）表示無心之感，不刻意用心才顯得真誠。兌卦（䷹）以「兌」為「說」，又為「悅」，去掉言旁和心旁，同樣提醒我們，不能以言語取悅，也不應該存心討人喜悅。卦名為兌，一方面說明和悅相處的道理，一方面則提出和而不同的主張，反對諂媚取悅，曲意逢迎，以免造成小人弄權的下場。卦辭曰：「兌，亨，利貞。」就兌卦來說，元亨利貞四德，屬於三顯一隱，也就是「元」為隱，而「亨利貞」為顯。元是兌的動機，所以隱而不現。兌卦上澤下澤，表示上下和悅，當然亨通。但是能不能守持貞正以獲得正利，要要看一開始的動機（元），是不是真誠？可見兌卦的終極意義，在於動機純正。倘若巧言令色，進而傷害忠良，那就十分不利了。

初九爻辭：「和兌，吉。」小象曰：「和兌之吉，行未疑也。」和即和平，全卦四陽爻，九二、九四、九五的上或下，都是陰爻。只有初九不與陰爻連接在一起，顯得和而不同，有君子之風，所以吉祥。初九以陽爻居陽位，上有九二的以剛居中，也就是剛中，又不妨礙六三的柔順，象徵言行舉止並未引起猜疑。表現出「發而中節」的和悅，剛健卻能隨和，因而獲得吉祥。與人相處，首先必須抱持「和而不同」的心態，不勉強自己和別人完全相同，也不強求他人與自己完全一樣。據此求同存異，互相包容，自然不致引起懷疑，而誤以為有什麼不良的企圖。說話時不存心討好對方，也不表示自己高人一等，必須處處語出驚人，應該是和悅的基本條件。說妥當話，遵守禮節，大家不猜疑，自然和諧。

兌 ䷹

初九，和兌，吉。

與人相處，像初九這樣，以陽爻居陽位，行為剛健卻能隨和。不與九四相應，也沒有和陰爻相連接，表示不隨便苟同，也不存心討好。只是求同存異，彼此尊重而又互相包容。說妥當話，遵守禮節，不致引起懷疑，有什麼企圖？有什麼居心？自然平和喜悅，可獲吉祥。倘若居心不良，言行不正，初九變成初六，那就由兌變困，不能和諧吉順了。

喜悅的基本原則，在平和而遵守禮節。

二。九二誠信和悅吉而悔亡

兌卦(䷹)彖辭：「兌，說也。剛中而柔外，說以利貞，是以順乎天而應乎人。說以先民，民忘其勞；說以犯難，民忘其死。說之大，民勸矣哉！」兌為卦名，「說」與「悅」相通。「兌」是喜悅的意思，但必須順天應人。兌卦九二、九五都是陽爻，以剛居中位，稱為剛中。六三、上六兩陰爻在外，所以是剛中而柔外。堅守合理的貞正，自然能順天道而應合人情。「先民」即先於民，使人民先喜悅，人民就會忘掉勞苦；使人民喜悅地冒險犯難，人民也會忘記死亡的恐懼。喜悅的道理十分重大，人民可以從兌卦中獲得很多勸勉！

九二爻辭：「孚兌，吉，悔亡。」小象曰：「孚兌之吉，信志也。」九二以陽爻居陰位，並非當位，原本應該有悔。卻由於九二居下兌的中位，剛中得正，表示誠信而和悅，即為「孚兌」，所以「吉而悔亡」。「孚」是誠信的意思，「信志」則是心志誠信。為什麼九二孚兌，能夠吉而悔亡呢?主要原因，即在心志誠信。心懷誠信而又和悅待人，是一種持久可靠的吉祥，所有可能產生的悔恨，都將因而消失。九二上有六三，象徵有陰邪小人相鄰為伍，但能不為所媚，即使偶有悔恨，也會很快消亡。九二倘若變成六二，兌卦(䷹)便會變成隨卦(䷐)，很容易捨九五而隨初九，失去九五的呼應，象徵三心兩意，患得患失，反而令人惑而有悔。

初九的「和兌」，必須經得起時間的考驗，進一步成為「孚兌」，不但和悅而且具有誠信，才能換來以心交心的情誼。人與人交心，便成為知心之交，誠為難能可貴。

兌 ䷹ 九二，孚兌，吉，悔亡。

九二以剛居柔位，原不當位，卻由於位居下兌中爻，稱為剛中。符合兌卦剛中而柔外的要求，因而吉祥。即使由於六三曲意加以不良影響，偶有悔恨，也能夠很快消失。九二內心剛正，又能不為外力所媚，這種誠信的心志，是吉而悔亡的最佳保証。我們不能擔保不受外力的影響，卻必須堅持自己的誠信，這是孚兌的主要原則，能使初九的和兌，得以提高信任度，並增強和悅的效果。

心存誠信，以心交心，才能建立知心之交。

三、六三來兌象徵曲意取悅

兌卦（䷹）大象曰：「麗澤，兌；君子以朋友講習。」

「講習」是互相討論學問，各自用心實踐。不但知道，而且需要養成習慣，在日常生活中努力實踐。兌卦上兌下兌，象徵內外兩澤相連，互相附麗，所以稱為「麗澤」。由於內外相通，交通便利，令人心生喜悅，因此名為兌卦。君子觀賞這種兩澤附麗相通的自然景象，引申為人類社會的以文會友，彼此聚集一堂，交換心得，相互勉勵，收到朋友講習的效果，當然內心喜悅。倘若各懷鬼胎，暗中爭權奪利，或者存心打壓對方，從中獲取私利，那就不悅了。

六三爻辭：「來兌，凶。」小象曰：「來兌之凶，位不當也。」六三以陰爻居陽位，並不當位，所以說「位不當也」。又居下兌的上位，依據三多凶、四多懼的慣例，可以說必致凶險。但是主要弊病是「來兌」，也就是曲意取悅於人。由於六三與上六不能相應，所以前來取悅初九和九二，雖然初九和兌，九二孚兌，都不受影響。六三自己卻由於心不正而傷害自己，必然凶險。三原本是陽位，是君子的位置，六代表陰柔的小人，六三以六居三，象徵小人佔了君子的位置。小人怎能夠佔有君子的位置呢？通常是透過邪媚的方式來曲意取悅、存心討好，即使能夠欺矇一時，佔據君子的位置，時間稍久，必為大家所唾棄，所以凶險。不擇手段的結果，必然喪失信用，就算想要改變，也很不容易重新獲得大家的信任。最好的方式，是六三變成九三，使兌卦變為夬（ㄍㄨㄞˋ）卦（䷪），勇敢果決地除去邪媚，絕不曲意取悅他人。

兌 ䷹ 六三，來兌，凶。

六三以陰爻居陽位，既不當位，又居於下兌的極位，所以凶險。主要原因在六三與上六不相應，只好不擇手段，以邪媚的方式，來曲意取悅初九和九二。雖然初九和兌，九二孚兌，都不受影響，但是六三自己失去誠信，曲意取悅於人，自己必然受到傷害，因而必招致凶險。

不能存心討好，以免凶險。

四、九四商兌界於邪正之間

初九一開始，便秉持兌卦的精神，不存心討好他人。平和有禮，彼此都喜悅。由於君子之交淡如水，反而不致引起他人的懷疑。逐漸建立彼此的互信，在誠信的基礎下，以心交心。然而獲得孚兌後難免得寸進尺，期望得到更大的喜悅，因而不擇手段，以媚術曲意取悅於人，結果害了自己，也失去原有的信用，招來凶險。下兌二陽在下，一陰居上，看起來像一隻羊的樣子，也有開口笑的味道。現在羊被宰了，再也笑不出來。九四下定決心，要隔絕六三的來兌，改採商兌的途徑，以期撥亂反正，去除邪佞。

九四爻辭：「商兌未寧，介疾有喜。」小象曰：「九四之喜，有慶也。」「商」是思量的意思，看到六三的來兌凶險，九四心生恐懼，因此心中猶豫，要不要戒除來兌的不當手段？「未寧」表示心神不寧的樣子，猶豫不定，當然未寧。「介」為隔絕，「疾」是疾患。九四為上兌的開始，以陽爻居陰位，象徵陽剛失正，又與初九不相應。幸好上乘九五，獲得有力的支撐，終能戒絕六三的邪佞，獲得相當的喜慶，所以說「介疾有喜」。能夠在上兌開始，重新致力於建立誠信，隔絕不正當的來兌，當然值得慶賀。有過必改，使九四原本的恐懼心一改而為喜慶心，自然喜悅。九四陽剛，卻由於居陰爻而採取柔順的態度，象徵九四具有六四的心態，促使兌卦（䷹）變成節卦（䷻），知所節制，有利於上兌的發展。動機純正，誠信為本，秉持和而不同的柔順，是九四位於兌上兌下之間，能夠在邪正的分野中，撥亂反正的有利條件。

兌 ䷹ 九四，商兌未寧，介疾有喜。

九四是上兌的開始，四陽爻居陰位，有陽剛的實力，卻能採取柔順的態度，隔絕六三的來兌，撥亂反正，掃除邪媚的不良方式，去除不正當的討好手段，重新建立上兌的信用。雖然心中不安寧，卻能夠去除六三的疾患，獲得喜慶，值得慶賀！

有過必改，重新建立誠信，才值得慶賀。

五．九五有厲必須慎防削剝

九五爻辭：「孚于剝，有厲。」小象曰：「孚于剝，位正當也。」厲的意思，是危險。首先出現在乾卦（䷀）九三爻辭：「君子終日乾乾，夕惕若，厲，无咎。」雖「厲」而「无咎」，表示只要小心調整，應該可獲无咎。兌卦（䷹）九五爻辭，卻是「有厲」，表示稍微不小心，便會招來危險。「孚」為誠信，由於九四的撥亂反正，已經重新建立誠信，但是上六的陰爻勢力，又來諂媚，想要削剝九五的有孚。九五以陽爻居陽位，又居於上兌的中爻，如此居中得正的地位，正是小人最想諂媚取悅的對象。剝的意思，是小人道長，君子道消，對君子非常不利。九五與九二不相應，又容易受到上六的媚術引誘，位正當而行不當的態度，當然「有厲」。其實我們最好認清上六不過是引兌，並非真正削剝九五的小人，反而應該留意九二受不了九三的來兌，以致變節，才會產生巨大的削剝力量。既然小象曰：「九五位正當也」，為什麼還會「有厲」？因為九五與九二並不相應，加上出現上六的引誘，很容易造成後患。小象只說位正當，不明白指出行不當，是尊重九五，給予正面的肯定。爻辭已經有「剝」和有「厲」的警示，所以點到為止。

九五的主要修養，應該是《論語・子路篇》所言：「君子易事而難說也，說之不以道，不說也；及其使人也，器之」。在九五手下做事不難，卻不容易討好，如果不用正當的方法與之相處，九五是不會喜歡的。九五用人做事，必定量才而用，具有這樣的素養，應該可以有厲而无咎。若九五變為六五，則成為歸妹卦（䷵），表示堅持正道，順其自然為宜。

兌 ䷹ **九五，孚于剝，有厲。**

九五以陽爻居陽位，又居於上兌的中爻，既中且正，怎麼會有危險呢？那是因為九五與九二不相應，上面又有上六的引誘，稍微不小心，便容易受到小人的諂媚與奉承，使自己的信用遭受削剝。居高位時，必須明白自己的處境，十分引人注目，很容易成為小人取悅的對象 ，最好能提高警覺，不受小人包圍，才有无咎的可能。

居高位時，必須更加提高警覺，避免小人諂媚奉迎。

六．上六引兌難免居心不良

上六爻辭：「引兌。」小象曰：「上六引兌，未光也。」

「引兌」的意思，是引誘他人相與欣悅。上六以陰爻居陰位，又居於兌卦（䷹）的極位，象徵位極必反，有向下引誘九五相與欣悅的可能。自己欣悅是自己的一種享受，但別人有別人的處境，未必和我們相同，引誘別人相與欣悅，即使沒有不良企圖，至少也會影響別人的正常生活。倘若居心不良，使別人荒廢正事，甚至養成壞習慣，那就罪加一等了。上六爻辭為什麼只說引兌，並未評論其為吉、凶或无咎？因為引誘是一回事，受到引誘的人，如何回應，則是另外一回事，不能混為一談。小象指出引兌的行為並非光明正大，但也沒有加上任何斷語，同樣是尊重各人的自作自受，不可能同等看待。還有一種說法，是上六德高望重，九五基於大眾的利益，主動前來牽引，使上六從原本的「未光」，形成引兌的正大光明。譬如周文王親訪姜太公於渭水，劉備三顧茅蘆，請出孔明下山相助。都是九五善於牽引所造成的悅樂。姜太公和孔明，都是十分難得的賢士奇才，若非周文王、劉備的誠意相邀，原不肯輕易擔任要職。這樣的以禮相邀，當然不可能居心不良。上六變成上九，促使兌卦（䷹）變成履卦（䷉），顯示出由於九五的履行實踐，以正大光明的態度引兌，使原本並未顯現光輝的上六得以大放異彩。

同樣是引兌，可能把人引入邪道，也也可能使人大放光明。所以上六爻辭，並無吉凶斷語。由「未光」而展現大光明，應該是最為令人喜悅的引兌。普天同慶，萬民同樂，令人心生喜悅。

兌 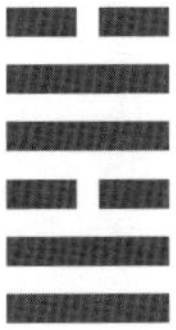

上六，引兌。

上六以陰爻居陰位，稱為當位。由於位居全卦的極位，所以有兩種極端相反的可能。一種是上六主動引誘他人相與欣悅，打亂了他人的生活步調，影響了他人的正常作息。倘若存心不良，必然造成不利的後果。一種是上六被動接受九五的誠意相邀，商請受牽引而出山相助，為大眾造福，那就正大光明，普受歡迎，大家都喜悅。

為公益而接受引兌，不宜為私利而引誘他人相與欣悅。

我們的建議

1 兌卦（䷹）兩澤相連，美麗悅目而又交通便利，令人心生喜悅。最好慎防把自己的喜悅建立在他人的痛苦之上，以免反過來傷害了自己。後天下之樂而樂，才是真的悅樂。

2 悅而不媚，不以不正當的手段來討好他人，才是正常的喜悅之道。自己有原則稱為「內剛」，對人和氣稱為「外柔」。對事堅持原則，待人和藹可親，自然亨通。倘能剛柔並濟，走上和悅正道，自然有利於處理正事。

3 從兌卦（䷹）的基本卦象來看，一陰爻居於兩陽爻之上。一陰爻主動向下取悅陽爻，兩陽爻向上迎合。彼此產生陰陽異性相吸，經常有喜悅的感覺。居於三爻中位的陽爻，象徵居中誠實，成為真正喜悅的主要動力。

4 為公益而喜悅，才是真正的快樂。為私利而喜悅，便是短暫而不實際的快樂，很快就會變成不快樂，繼而轉為痛苦。以正當的態度，採取正常的方式，才合乎和悅的道理。

5 兌卦四陽二陰，象徵本於坤而志於乾，必須柔外而剛中，不失貞正。兌卦的元，隱而不現，用意在提醒大家，必須重視看不見的動機。唯有能明辨動機是否純正，才能判斷吉凶。

6 凡事順乎天理，應於人情，先天下之憂而憂，後天下之樂而樂，必能得民心而昌隆。反過來說，只顧私利，只重私人欲望的滿足，必然會失去民心，而喪失既有的一切。

《第六章》

如何看待艮兌這兩卦？

震為動，用來消耗多餘的體力，
緊接著就應該適當休息，以免過度疲乏。

巽為順，順著空隙進入，既省力又方便，
也能帶來喜悅心情，但應合理節制，以免樂極生悲。

艮卦在震卦後面，兑卦接著巽卦出現，
都有互相合理配合的道理，最好用心領悟。

止其所當止，悅其所當悅，
合理的止、悅，對身心健康有所助益。

艮卦和兑卦互錯，一體兩面。
把兩卦合起來看，可以快樂地修行。

艮、兑之外，還要加上震、巽兩卦，
四卦合在一起，可以減少很多憂懼。

一、艮由震來而兌則由巽來

艮卦（䷳）為《易經》第五十二卦，接在第五十一卦，也就是震卦（䷲）的後面。兌卦（䷹）是第五十八卦，安排在巽卦（䷸）也就是第五十七的下一卦。〈序卦傳〉曰：「震也，動也；物不可以終動，止之，故受之以艮。」「震」為震動，事物不可能永遠震動不停，必須適時加以抑止，所以震之後為艮。又曰：「巽者，入也；入而後說之，故受之以兌。」「巽」象徵謙順才能進入，只要居所適宜，便會欣悅，所以接著為兌卦。這種先後的卦序，告訴我們震動、戒懼固然可以致福，然而合理自我節制，力求行其所當行、止其所當止，以期動靜咸宜，適可而止的這種修身功夫，也是我們所必須修練的。人與人之間，最好能和悅相處。巽卦（䷸）揭示為人處世應當謙順以求亨通的道理，卻反對盲目順從，也不宜過分自卑畏縮。兌卦（䷹）同樣不贊成諂媚取悅，曲意奉承。不論艮卦（䷳）或兌卦（䷹），都必須以誠信為本，保持合理的度。過與不及，都不是我們所需要的。

現代人能動不能靜，一天到晚忙碌不停，實際上並沒有那樣忙，卻不斷透過電視、廣播、各種媒體、大哥大、遊戲機，搞得整天停不下來。在這種情況下，艮卦（䷳）成為更加重要的修養。否則知動不知靜，容易過勞死，也常出現猝死的案例。急躁、暴虐、神經兮兮，心神不寧……更是常見。謙順的美德，愈來愈不受重視。虛情假意的存好心、說好話、做好事，卻在不知不覺中破壞了艮卦（䷳）和兌卦（䷹）的度。我們只能抱持正常心，說妥當話、做合理的事，怎麼能夠以「好」字相勸誘，豈不是說得好聽？反而收不到實效。

51 震

52 艮

57 巽

58 兌

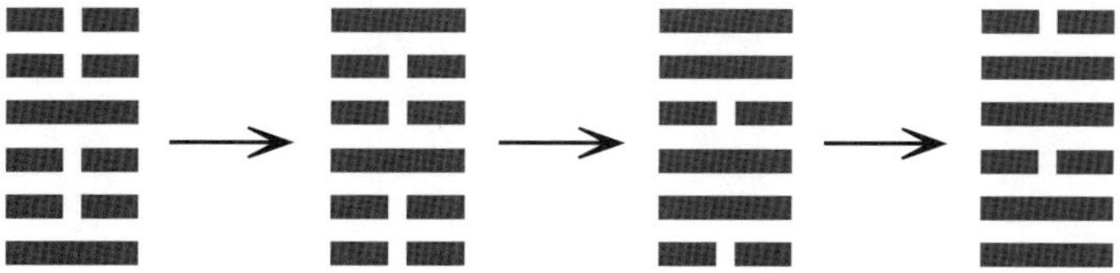

震：一股陽氣強力向上衝。

艮：衝到差不多時，最好適可而止。

巽：清風徐來，容易沉入夢鄉。

兌：及時清醒，以免樂極生悲。

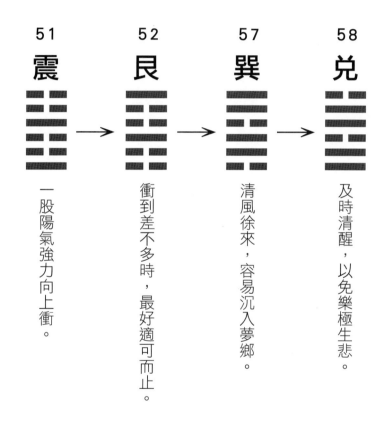

二、艮後為漸而兌後則為渙

〈序卦傳〉說：「艮者，止也；物不可以終止，故受之以漸。」「漸」者，進也。震動時需要適時抑止，但是事物不可能永遠被抑止，總會有所發展，因此接下來出現漸卦（䷴）。「漸」的意思是循序漸進。順乎自然逐漸發展，不宜貪功冒進，以免違反自然規律而招致凶險。世間萬事萬物，本來就有動有靜，並且相互輪替。久動思靜，久靜則思動。動久了需要靜，靜久了也需要動，這是自然的現象。我們常說「休息是為了走更長遠的路」，震後的艮，同樣是為了漸的開展。《大學》引用孔子的話說：「於止，知其所止，可以人而不如鳥乎？」小鳥尚且知道應當棲止的地方，難道人反而不如小鳥？適度的休息，停下來調整自己，對現代人尤為需要。艮卦用來止息妄念、休養身心，都有很大的助益。

〈序卦傳〉又說：「兌者，說也；說而後散之，故受之以渙。」「渙」者離也。我們進入適宜的居所，就會產生欣悅的感覺。但是過了一段時間，欣悅的心情，很可能使人渙散。兌若是運用得當，可以化解許多心結，並促使溝通順暢。但若運用得有欠妥善，便會淪為過度歡愉，以致荒廢了正當的事務。現代人為娛樂而娛樂，不但喪失了教化的功能，而且講求新奇和刺激，因而造成虛假的欣悅，使內心缺乏真誠的和氣。憂鬱症的盛行，實在是莫大的諷刺。尤其是娛樂界吹起陣陣的搞笑風，對於兒童的傷害更為重大。小丑很容易辨認，兒童都知道那是好玩的，並不會當真，但搞笑卻真假難辨，試問：倘若孩子隨時隨地都在搞笑，長大以後該如何成大器？

52 **艮** → 53 **漸** → 58 **兌** → 59 **渙**

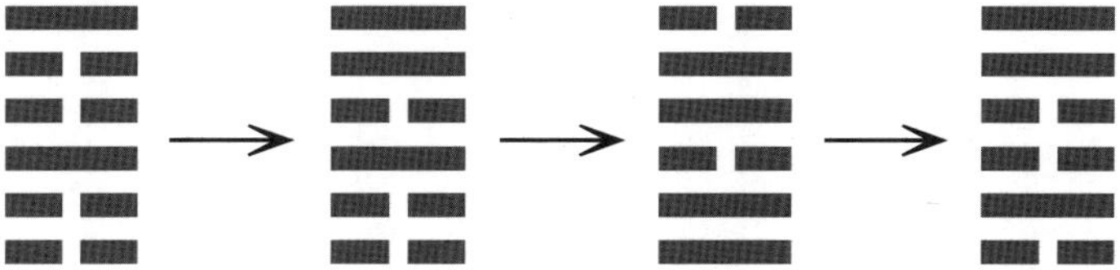

52 艮：休息是為了走更遠的路。

53 漸：循序漸進，自然發展。

58 兌：欣悅的心情，容易使人渙散。

59 渙：力求散而不亂，緊而有序。

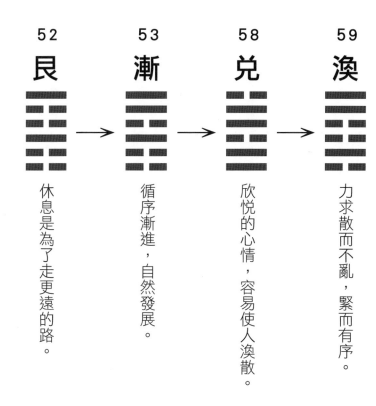

三、艮卦真義在止其所當止

艮卦（䷳）上艮下艮，上下都是山，又稱為兼山卦。「兼山」的意思，是被重重的山環繞包圍住。提醒大家：人再自由，也有其侷限性，只能享受相對的自由，不應該企求絕對的自由。《大學》提示：「為人君，止於仁；為人臣，止於敬；為人子，止於孝；為人父，止於慈；與國人交，止於信」的要求，便是各種不同角色，都有其止所當止的特性。為人君的，要以愛護人民為依歸；做臣下的，要以尊敬長上為本份；做子女的，應該孝敬父母；為人父母的，必須慈愛子女；和國人交往，當然要講求誠信，以求互信。

有止的作用，卻不說是止卦，可見艮卦（䷳）除了止其所應止之外，還有堅實、穩固、厚重的要求。譬如山那樣，藏有寶物以充實其內，穩固而不易移動，厚重得令人高山仰止，不敢輕忽它的存在與價值。止的目的，在動不在止，所以才稱為艮卦。換句話說：應該靜止才靜止，應該行動時，就必須採取實際的及時行動，才能真正發揮艮的功能。名、利、情這三樣東西，原本與生俱來，也可說是不可或缺。名、利、情本身並沒有好或不好，而是人的貪念，才讓它們變成了禍害的亂源。貪起於欲，止貪必須從止欲著手。艮卦卦辭說：「艮其背」，兩人背對背站立，互相看不見。象徵可欲之物尚未出現時，阻止貪欲輕而易舉。等到可欲事物呈現在眼前，看得見時，才來阻止貪欲，已經為時晚矣，非常困難。初六爻辭：「艮其趾」，便是在舉足時先想到止其步，提早約束自己，以期能適可而止，以免一發不可收拾，為了不可欲的貪念而使自己身陷囹圄。

艮

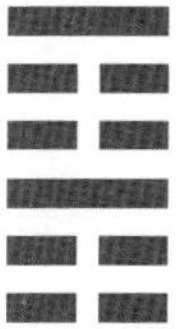

- 一陽爻向上升，兩陰爻向下降，各得其所，穩如泰山。
- 一陽爻的光明，落在兩陰爻的名、利、情之上，象徵跳脫的可能。
- 停止對名、利、情的煩惱，會促使身心健康。
- 仁者樂山，艮卦可以培育人的仁德。
- 止在真正安詳的地方，也就在自己的心中。
- 多遇艱難險阻，更容易跳脫苦惱。
- 穩定情緒，喚醒本有的智慧，人人都要自作自受。
- 知行又知止，能行也能止，自然可止其所應止。

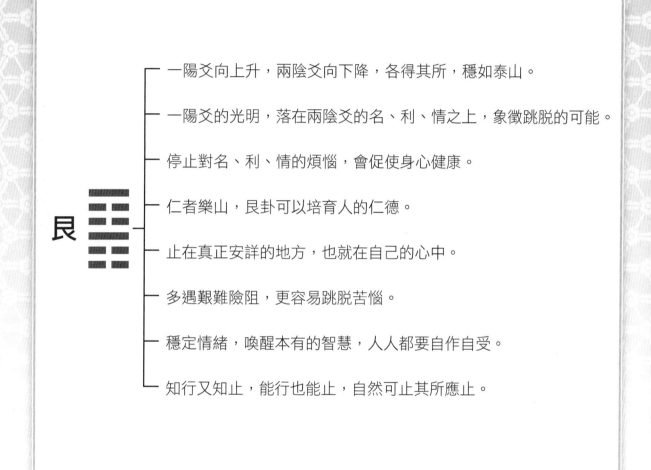

四、兌卦真義在悅其所當悅

兌卦（䷹）安排在巽卦（䷸）之後，提醒我們：真正的喜悅，來自於深入的理解。平日用心體悟天理，又能將心比心，做出適時的合理反應，自然能像相連的澤水那樣，融洽、親密而且愉悅。倘若一味追求諂媚的和悅，豈非如同善惡不明，是非不分的鄉愿般令人厭惡？所以兌卦的主旨，在於不諂媚、不苟同，也不踰矩。當悅才悅，不應該悅的不宜悅。

現代社會，許多人相信「存好心、說好話、做好事」的說法，卻不能深入瞭解真相，以致存好心看不見，說好話卻聽進耳朵，因而養成喜歡聽好聽話的不良習慣，愈來愈容易上當，讓那些不存好心，卻盡量說好話的騙子容易得逞。有些人自以為是在做好事，其實不然。雖然眼前看不出惡果，可是時間一久，各種嚴重的後遺症逐一出現，才知道原本想像中的好事，其實是壞事。

世人喜歡聽好聽的話，因此很多人在溝通時，難免會說一些好話，以求對方能聽得入耳。但是，一味說好話，便是曲意諂媚，存心討好，根本不合兌卦（䷹）的要求。一個人必須委婉地表達真正的好意，使聽者明白真實的道理，才能獲得真正的喜悅。真正的存好心，應該是以誠信為基礎，排除所有不正當的手段，以期兌上兌下，內外都同等喜悅。《論語・述而篇》曰：「子於是日哭，則不歌。」孔子平日常歌、誦、吟以自得其樂，但如果當天曾經發生使他悲泣的事件，孔子便會終日不歌。現代人喜歡搞笑，一會兒哭泣、一會兒又狂笑，如此極端波動的情緒，是否有些異常？不論在哪一種年齡階段，喜怒無常的人，通常都不受歡迎，因為這和兌卦的原則並不相符。

兌 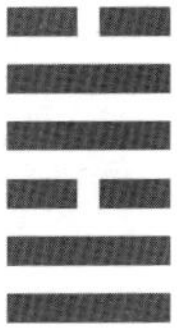

- 一陰爻在上，具有滋潤兩陽爻的作用，有喜悅的感覺。
- 大家心存喜悅，彼此和諧相處，社會自然進步。
- 動物為求生存，人類卻製造緊張，更需要和悅來調劑。
- 彼此各退一步，海闊天空，對大家都有好處。
- 不存心討好，不專門說好聽的話，也不能以做好事為藉口。
- 存平常心、說妥當話、做合理事，才是兌卦的精神。
- 朋友之間，透過講習道義，患難相助。
- 心無所私，誠信自守，自然隨遇而安。

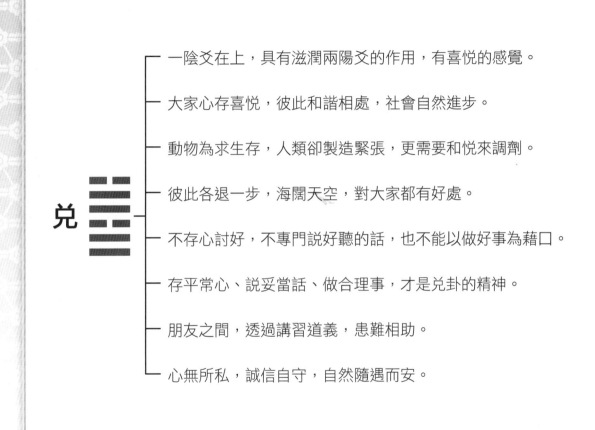

五、艮兌互錯表示一體兩面

艮體篤實，有光明的象徵。所以艮卦彖傳說：「其道光明。」只要把握「該止即止，應行則行」的「適時」原則，艮道就會廣大而明敞。一陽在上，陰掩不住它的光明。兌為悅體，與「羊」字同形。《易經》中提及羊的地方，都取象於兌。一陰爻在上，主動向下取悅陽爻；而在下的陽爻，也主動向上迎合，產生異性相吸的喜悅。

艮為山，是「坤」土隆起的象徵，既堅實又敦厚。所以艮卦（䷳）上九爻辭：「敦艮，吉。」上九能夠以敦厚的修養，止所當止，當然可獲吉祥。兌為說，開口說話時，如果能有艮道的素養，當說才說，不應該說即止，彼此有不同意見時，也能面露笑容，想辦法好好溝通，應該就可以成為大家共同的喜悅原動力，對於兌道的發揚，當然有助益。

現代社會，各方面的誘惑增多。人心最痛苦的，又莫過於有欲望卻強行抑制。有如艮卦（䷳）六二為九三所阻，不得上進，初六又不願追隨，以致欲行欲止，在心中交戰，因而心中苦悶。所以六二爻辭明白指出：「其心不快」，最好的方式，便是採取「樂修」，快快樂樂地修治自己。一方面與人相處，以和為貴。自己率先不在言語上，對人做出無情的打擊，用以避免他人的惡意批評。一方面則加強聞過則善的修養，不但不做出無謂的爭論，而且能夠認真地改過。用兌道來配合艮道，促使自己在欣悅中，不斷提升自己的修養。同時提醒自己，也只有持續修好艮道，才能夠保持兌道。艮兌互錯，卻是一體兩面，最好能同時兼顧並重。

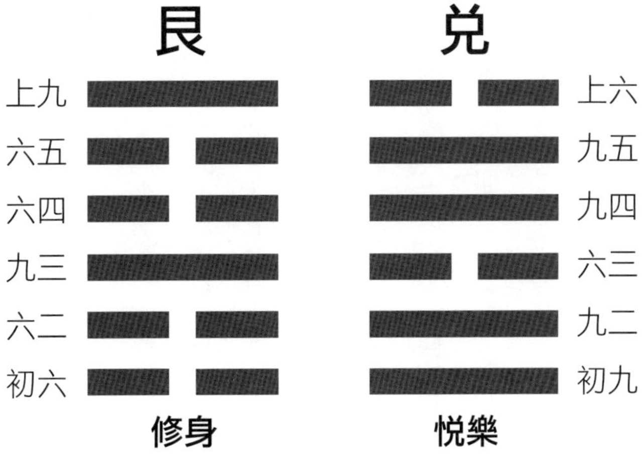
艮
兌
上九
六五
六四
九三
六二
初六
上六
九五
九四
六三
九二
初九
修身
悅樂

六、震艮巽兌構成四個隅卦

乾（☰）、坤（☷）、坎（☵）、離（☲）四卦，分居東（離）、西（坎）、南（乾）、北（坤）四正位，所以稱為四正卦。兌（☱）在東南，震（☳）居東北，巽（☴）在西南，艮（☶）居西北，在四個角隅，因此稱為四隅卦。

《易經》以乾、坤、震、巽、坎、離、艮、兌做為八卦的名稱，而不以天、地、雷、風、水、火、山、澤來稱名，主要是把這八種自然物當做構成世界的物質基礎，並不著眼於它們的形體物質，反而更重視它們的功能、動態和屬性。乾卦代表一股全陽的能量，性情剛健，具有無可阻擋而又無往不利的力量。坤卦表示一種陽氣耗盡，亟待靜止休息，以期恢復能量的狀態。柔順而忍辱負重，滋長萬物卻不邀功。在乾元和坤元的密切配合下，分別產生坎、離、艮、兌、震、巽六種不同的動態，表現出不一樣的屬性和功能。按照兌、離、震、巽、坎、艮的次序，先由兌而和，用喜悅的心情來化解乾卦所產生的危機。倘若和悅過度，便會樂極生悲，所以離卦提醒大家，名、利、情帶來的欣悅，通常並不持久，很快就會像薪柴燒盡時，轉眼成空。那時候的震動，必須採取巽的順和入，像風那樣，產生潛移默化的作用，以改變自己的氣質。就算遭遇坎險，陷入險境，也能夠承擔風險，激勵出本有的智慧，於是艮的意識，便自然產生，設法停止自己所承受的煩惱、憂愁和痛苦，培養仁者樂山的生活情趣，使內心獲得真正的安詳。四正四隅，構成生生不息的循環狀態，值得我們學習。

四正四隅

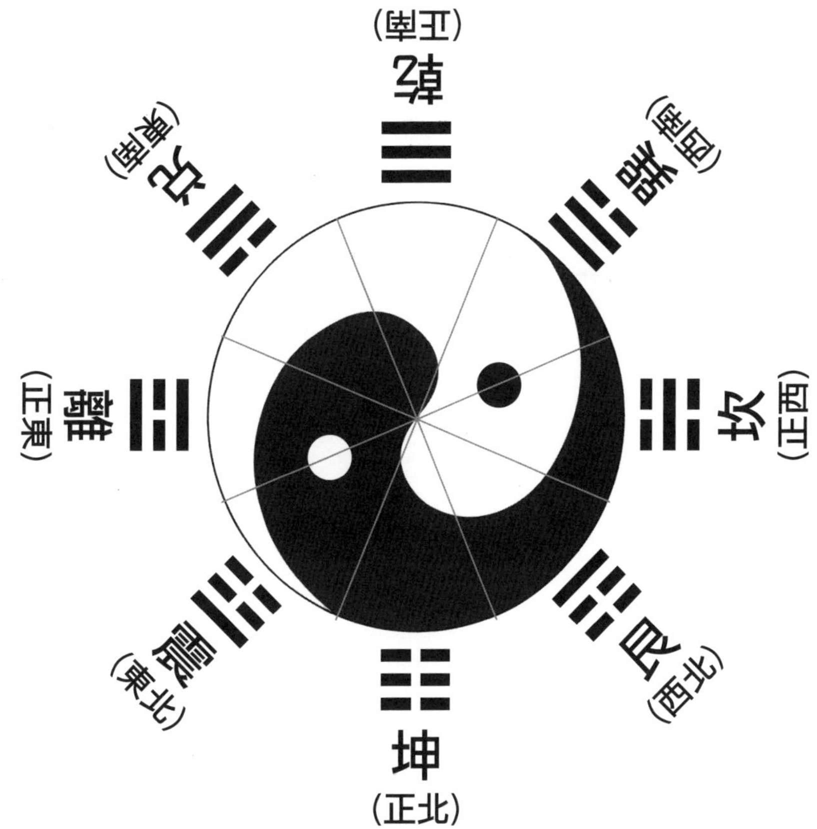

我們的建議

1 乾卦（☰）的上爻，由陽變陰，成為兌卦（☱）。象徵上下兩個乾卦，陽剛過甚，彼此對抗而互不相讓。這時若能各讓一步，馬上海闊天空，上下都很和悅，至感舒適。

2 坤卦（☷）的上爻，由陰變陽，就成為艮卦（☶）。象徵有地隆起，形成阻止前進的自然障礙。一陽爻慢慢上升，突破兩陰爻，進至極上的位置，由於無可再進而停止下來。啟示我們：當遭遇困難時，要像山那樣穩重，沉得住氣。

3 《大學》曰：「知止而後有定，定而後能靜，靜而後能安，安而後能慮，慮而後能得。」艮卦的要旨，在使人慮而能得。「靜而安」屬「靜」，「慮而得」屬「動」。一個人必須動靜咸宜，不失其時也不失其所，才能發揮艮道廣博而光明的功能。

4 艮卦（䷳）和兌卦（䷹）都需要憑良心。艮字上面加上一點，即為良；悅字去掉心旁，便成兌。良上那一點，是心；悅字的心旁，同樣是心。艮去掉那一點心，悅去掉心旁，用意都在提醒我們：凡事必須憑良心，而不是用心機。

5 艮道和兌道，有異曲同工之妙。無論克服困難或快樂歡愉，都必須適可而止。過分抑制或過度歡樂，實際上後患無窮，最好及早自我約束，以合理為度。

6 艮兌之外，還需要震巽的配合。我們在研討過艮兌兩卦之後，也應該仔細看看震（䷲）、巽（䷸）兩卦帶給我們哪些啟示，以便能更進一步，得以生無憂而死無懼。

《第七章》

震卦
有哪些重要啟示？

震即動，但是卦名為震卦，而不稱為動卦，
是因為震得厲害，並非一般的感動、活動、行動可比擬。

下震三爻，旨在促使大家對震有所認識，
提高警覺，事先做好防範，自然能減少傷害。

但是過分害怕震動，難免膽怯懦弱，
倘若因此貪生怕死，臨陣怯逃，那就是不合理的行為了。

上震三爻，使大家明白處震之道，
只要合理因應，與震共同精進，可得无咎。

人生時時有震，不能逃避，必須勇敢面對。
臨事而懼，好謀而成，不必過分擔心憂慮。

泰山崩於前而色不變，才是勇者不懼的本色。
面對持續不斷的挑戰時能堅定意志，也是對自己的一種考驗。

一・初九虩虩警示思患預防

震卦（䷲）的卦辭：「震，亨。震來虩虩，笑言啞啞，震驚百里，不喪匕鬯。」震是卦名，原意為動。為什麼不用「動」做為卦名，而要用「震」呢？因為一般所說的動，是行動、感動、運動，都不足以表示天翻地覆的震動，所以用震而不用動。上震下震，使萬物通暢，因而亨通。「虩虩」是恐懼狀，「啞啞」為笑語聲。天翻地覆的震動，使大家心生恐懼，難免慌張失措。震動過後，發現原本懶惰的人被震得勤奮，鬆懈的人被震得莊重，於是大家便由驚轉喜，反而笑語不斷。古代公侯的管轄地不過百里，「震驚百里」已經影響到當時的全國。「匕鬯」是宗廟祭祀的器具，不喪失祭祀器物，象徵震動戒懼，驚醒大家必須臨危不亂，可以保住宗廟，使大家在驚嚇之餘，還能過正常生活。

初九爻辭：「震來虩虩，後笑言啞啞，吉。」小象曰：「震來虩虩，恐致福也；笑言啞啞，後有則也。」每當雷電交加，劇烈震動時，大家有如初九以陽剛處於下位，能夠戒懼小心，慎守其始，表示事先已經做好預防措施，心裡明白這樣的震動，有利於今後的發展，將會帶來福分。經過這樣的震動，以後對於類似的狀況，將會更有法則而不慌亂，因此笑語有聲，顯得相當從容，所以吉祥。陽剛的初九，頓時柔順起來，變成初六，於是震卦（䷲）變成豫卦（䷏），不但不驚嚇，反而有安樂的感覺。春雷一動，萬物甦醒，初九的動力，準備向上突破兩陰爻的重重阻礙。只有做好萬全的準備，才能脫穎而出，而且朝有利的方向發展，使損失減到最低，使大家能笑得出來，這便是良好的效果。

震 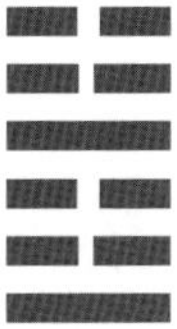

初九，震來虩ㄒㄧˋ虩ㄒㄧˋ，後笑言啞ㄜˋ啞ㄜˋ，吉。

初九以陽爻居陽位，剛健有力，是震動的主要力量。但是位於震卦的初爻，象徵雖然剛健有力，卻因為時未至，而能夠讓大家有時間做好因應的準備。於是，當震動來臨時，雖然大家被震得恐懼，難免驚慌失措，但後來看到萬物因震動而甦醒，並沒有什麼損失，眾人因而笑語有聲，認為反而致福，而有吉祥的感覺。

對震動提高警覺，事先做好防震措施，有備無患。

二・六二勿逐可以消禍免災

震卦（䷲）彖辭曰：「震，亨。震來虩虩，恐致福也；笑言啞啞，後有則也；震驚百里，驚遠而懼邇也。出可以守宗廟社稷，以為祭主也。」首先闡述卦辭要義，震動為什麼亨通？主要是事先已經做好準備，因此雖然有驚，卻能無險。這樣的戒慎恐懼，反而會帶來福分。果然事實証明，利大於弊，因而笑語有聲，彼此勉勵，今後有了言行的準則。接著說明震懼的重要作用，指出震驚全國，無論遠近都驚動而恐懼，相當於全面提高警覺性。此時，就算發生了最令人驚懼的事故，譬如國王駕崩，這時候震為長子，也就是太子，可以出來繼承大位，照樣能夠守住宗廟，擔任祭主的任務。「社稷」即江山，引申為國家，有太子繼位主持國家大事，再大的震動，也不會喪失國家。

六二：「震來厲，億喪貝，躋于九陵，勿逐，七日得。」「億喪貝」指有如喪失了價值億萬的寶貝，表示震動得實在太厲害。「躋」是登上的意思，「九陵」指高峻的山峰。震卦（䷲）六二、六三、九四互艮為山，六二親比於初九，所以稱為九陵。「躋于九陵」便是震動得太厲害，逃避到高山上，就算喪失了億萬的寶貝，也不要去追逐。只要能平安無事，七日之內，自然能失而復得。爻位從二向上推，經過三、四、五、上、初，又回到六二，前後剛好七位，所以用「七」來象徵七日來復。六二在初九之上，初九開始震動，來勢甚厲，「億」也可以當作「臆」字解釋——即使料想會喪失寶貝，也要趕快逃入高山。六二變九二，震卦即成歸妹卦（䷵），象徵順其自然，回家後一切恢復正常，應該可以失而復得。

震 ䷲ 六二，震來厲，億喪貝，躋ㄐㄧ于九陵，勿逐，七日得。

六二以陰爻居陰位，又是下震中爻，所以既中且正。但是下有剛健的初九，難免有凌乘的危險。就算擁有巨大財富，震動來時，也應該及時登上高峻的山峰，不能為保有財富而輕忽寶貴的性命。由於平日堅守中道，為人誠信，此時也不必念念不忘於財富是否遭受損失，順其自然，回家後一切恢復正常，應該可以失而復得。

性命優先，勿因財富損失而輕視寶貴的性命。

三、六三震行反而沒有災禍

震卦（䷲）大象曰：「洊雷，震；君子以恐懼修省。」「洊」是接續而來的意思，震卦上震下震，也就是上雷下雷，接二連三地打雷，所以稱為「洊雷」。初九小震雷來虩虩，象徵一陽為震的關係。六二小象曰：「震來厲，承剛也。」初九為陽為剛，六二凌乘於初九之上，陰柔承陽剛，所以來得十分厲害，幸好六二居下震中位，又以陰居陰，當位，才能消禍免災。君子從初九的思患預防，六二的臨危處困，以及其它四爻的警示，領悟到每當覺得恐懼時，就應該自我反省、修身勉行的道理。不斷省察，不敢稍有鬆懈。

六三爻辭：「震蘇蘇，震行无眚。」小象曰：「震蘇蘇，位不當也。」六三以陰爻居陽位，顯然不當位，由於「位不當」，所以「震蘇蘇」。「蘇蘇」是恐懼不安的樣子，也是精神渙散的狀態。六三居於下震的上位，又不當位，由於不中不正，所以被震得恐懼不安，精神渙散。在《易經》大家庭中，乾坤為父母，震為長子。六二下乘初九剛陽，上不與六五相應，因而招來強烈的震動。六三位不當，表示不能擔當大任。只有初九陽居陽位，為震卦卦主，可以承擔太子的重任。

天下事有弊必有利，六三位不當，不致成為震動的對象，因此恐懼不安、精神渙散，就算下震將止，上震接著即將到來，在這種接連發生的震動行為中，由於並非主要目標，反而沒有災禍。實際上沒有災禍的原因，並不在於這樣恐懼不安，精神渙散的人，而是在於震動本身有驚無險，不致造成重大傷害，所以才沒有災禍。即使震得厲害，也不一定有傷亡。

震 ䷲ 六三，震蘇蘇，震行无眚ㄕㄥˇ。

六三以陰爻居陽位，不當位，又處於下震的上位。和六二相比較，離開初九震央較遠，所受震動相對較弱。雖然震動得大家恐懼不安，但是有震無災，不致造成重大傷害。沒有災害的原因，不在於受震的人，而是震動本身。可見震得厲害，也不一定會造成傷亡。

這一次的震動即將終止，下一次的震動即將到來，心中要做好充分準備。

四、九四遂泥表示應變無方

震卦（䷲）震上震下，下震三爻，主要在提醒大家：對於震動，要防患未然，時時做好防震的萬全準備。當震動來時，能戒慎恐懼，使災害減到最低。反省自己，持續改善，才是防震之道。但是，為了害怕震動，因而貪生怕死，臨陣怯逃，那就不是合理的行為。所以上震三爻，提醒大家：警惕而不怯懦，才是處震之道。必須勇敢面對震動，不能逃避。人生免不了震動，而且經常出其不意，厲害到讓人始料未及。處震之道，也是人人必須修習的重要課題。

九四爻辭：「震遂泥。」小象曰：「震遂泥，未光也。」

「遂」是「陷」的意思，陷入泥淖之中，引申為一敗塗地。九四一陽居於上下兩重陰之間，象徵難以奮發圖強。雖然剛健，卻由於陽居陰位，被震得陷入泥淖之中，恐懼得難以自拔。九四和初九，同樣具有長子的身份。憑什麼初九稱為卦主呢？因為初九陽居陽位，當位，又位於六二、六三重陰之下，只要奮力向上，不必受到下面的牽累，因此向上一震，被選為太子。九四就不同了，上下都受到牽制，色厲而內荏（ㄖㄣˇ），難免臨危驚恐，甚至於貪生怕死、臨陣怯逃，以致一敗塗地。這樣不明處震之道，怎麼能夠光大祖宗的事業呢？「未免也」這三個字並不是判斷語，而是激勵語，表示有心光大事業，必須自我反省，多多學習處震之道，才能夠勇者不懼。任何震動，都應該勇敢面對，即使臨危受命，也應該一本陽剛的本性，絕不逃避。只要九四變成六四，震卦就會成為復卦（䷗），足以恢復剛健的力量，以柔克剛。

震 ䷲ **九四，震遂泥。**

九四以陽爻居陰位，並不當位，與初九不相應，又處於上下重陰之間，有坎險的象徵。陷入泥淖之中，引申為一敗塗地。同樣是陽爻，初九只有上面重陰，可以奮發向上，力道尚強。九四上下都受到牽累，有氣無力。和六三的有震無災相比，明顯不利。這樣不明處震之道，不足以光大事業。但是，多多學習處震之道，則可以改變九四的情況。

多多學習處震之道，以期勇者不懼。

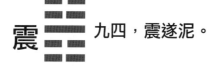

五．六五危行象徵臨危處困

震卦（䷲）六五爻辭：「震往來厲，億无喪，有事。」

「往」指向上，「來」即向下。六五以陰爻居陽位，本不當位。上往與上六相排斥，下來遇九四，以陰乘陽有失。上往下來都不利，所以說「往來厲」。震動的時候，六五上下往來都有危險，幸好六五居上震中位，以柔居中，象徵能知危險而謹守中道，因此億无喪，萬無一失。既然萬無一失，為什麼有事呢？古人所說「有事」是指祭祀。有兩種解釋：一是萬幸無所損失，應該祭祀謝天謝地，感謝祖先保佑。另一種說法，則是由於無所損失，得以長久施行祭祀。

小象曰：「震往來厲，危行也；其事在中，大无喪也。」

六五與上六同為陰柔，難以震奮。六五與六二兩陰也不相應，當中又有九四陽剛相逼，處於這種往來都有危厲的位置，震動時不論如何，實際上都十分危險。雖然往來都厲，但必須記住「危機即是轉機」的原則，只要秉持中道，正好就能把握這種上也不是、下也不是；去也不安，來也不安的兩難機會，好好地表現一番。「其事在中」的意思，便是在中道的範圍內，多多用心億（臆）測，相信若能審度得宜，必能無所喪失地完成大事。六五和六二相比，歷經恐震、懼震的震撼教育，已經成熟得能夠勇敢地面對往來都危厲的局面，當然有勇氣也有能力，可以放手去做了。

若六五變為九五，則震卦（䷲）就會變成隨卦（䷐），誠信守正，隨時而動，隨機應變，擇善而從。六五危行在臨危處困的隨順下，相信必能無所喪失，不致失職誤事。

震 ䷲

六五，震往來厲，億无喪，有事。

六五以陰爻處陽位，不當位，與六二不相應，又凌乘於九四之上，幸好以柔居上震之中，雖然不利，卻能免災。向上與上六同為陰爻，難以震奮；向下又有九四相逼，以致往來都可能危厲。由於柔居正位，凡事都能力守中道、保持中行，因此無所喪失，可以長久施行祭祀宗廟的大事。

當上下都震動時，只要力守中道，保持中行，應該就能無所喪失。

六．上六畏鄰戒雖凶可无咎

震卦（䷲）上六爻辭：「震索索，視矍矍，征凶。震不于其躬，于其鄰，无咎。婚媾有言。」

六三居下震上位，所以「震蘇蘇」。現在上六居上震上位，也是全卦的極位，當然「震索索」，比「震蘇蘇」還要恐懼不安。「矍矍」原指老年人的雙眼炯炯有神，在這裡卻是指目光不安，不知如何是好的感覺。在這種震卦的極端，並沒有退路，必須更加戒懼慎行，才能免凶无咎。「征」即是行，「征凶」指前行必有凶險。「躬」指自身，震動尚未震到自己的身體，先震到鄰近的人。我們從上震三爻的關係位置，可以看出上震以九四為主，也就是震央所在，發出震的動力，首當其衝的當然是六五，並不是上六。所以九四震動時，先殃及六五。對上六來說，是震「于其鄰」，尚未「於其躬」。上六看到六五的驚慌、恐懼，所以知道要事先戒備。由於吸取了六五的應對經驗，上六便能夠臨事而懼，好謀以成，至少可以无咎。「婚媾」是指震為長男，若上六變為上九，則上震三爻變為離（☲）卦，即為中女，於是上離下震，便成為中女與長男的婚配，因此有婚媾的象。「有言」是指有責難的難聽話，意思是：就算真有婚媾的親戚關係，看到上六見到六五的凶禍而驚懼，自己因此而有所防範，因而免禍，也不免會說一些閒話。

小象曰：「震索索，中未得也；雖凶无咎。畏鄰戒也。」

上六為什麼害怕而索索發抖呢？這是由於尚未獲得中道的要領所致。雖然說減少凶禍以至於无咎，但這仍然是由於鄰近的六五受到震動，使上六心生恐懼而預先知所戒備，此乃落人口實的爭議重點。

上六，震索索，視矍ㄐㄩㄝˊ矍ㄐㄩㄝˊ，征凶。
震不于其躬，于其鄰，无咎。婚媾ㄍㄡˋ有言。

震

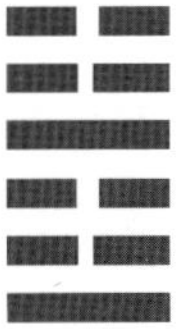

上六為全卦極位，索索意謂蕭條、消失。由於離開震央已遠，氣微勢盡。在這種震卦的極端，已沒有退路，因此目光不安，不知如何是好，前行必有危險。看到六五的狀況，上六從中吸取處震的寶貴經驗，因而得以无咎。這種以六五為白老鼠而使自己獲得避震之道的做法，就算有婚姻關係的親戚，也會有所爭議，而不無微言。

對於鄰近的震災，要付出關心，並加以協助，才是處震之道。

我們的建議

1 震卦（䷲）又稱洊ㄐㄧㄢˋ雷卦，意思是重重來襲的雷，連續的震動。從卦象來看，上震下震，雷聲隆隆，雷光閃閃，使人膽顫心驚，久久難以平息心中的餘悸。一般人在這種情況下，都會想到自己有沒有做過虧心事？而暗自反省。

2 最好的辦法，其實是平日多做善事，以免打雷閃電時驚嚇自己。而每遇雷電交加時，也提醒自己，平日存平常心、說妥當話、做合理事，便可以坦然面對而不恐懼。

3 這種對於雷電的戒慎恐懼，不過是下震的修養功夫，若長期如此，勢必因為膽怯而懦弱，不敢面對震動時的危險，也不能勇敢地突破難關。所以上震的修養，著重於處震之道。隨時做好準備，遇有犯錯，必須及時嚴格要求自己改過。

4 養成戒慎恐懼的態度，不斷自我反省，以增加遇震而無危的應變能力。再進一步隨時做好準備，可以無憂無懼地及時做出合理的因應，以求減少凶禍而无咎。

5 平日常存戒慎，面臨震動時才能情緒穩定，適時應變。這種處震之道，最好從小就開始學習，隨著年齡增加，逐漸愈來愈熟悉，就可以在人生旅途中減少很多風險。

6 我們不應該把別人當做白老鼠，讓他去冒險，使自己因而能畏懼戒備、減少禍患。這種隔岸觀火、落井下石的行徑，不僅會招致他人心生不滿，其他的人看在眼裡，也會議論紛紛，認為這種做法未免太過分了。

《第八章》

巽卦
六爻有什麼啟示？

巽的意思是謙遜，柔順以致亨通，
但是巽的主旨，是當順才順，不當順則不順。

過分謙順，便是自卑畏縮，並不合適，
倘若盲目謙遜，反而會貶低了巽道的價值。

初六陰柔宜退，宜於學習武士堅貞守正。
九二陽剛中正，為了加強親和力，最好謙順。

九三是下巽終位，又有六四凌乘於上，
只好委屈地謙遜，心中不樂，又不肯真心認錯。

六四以柔順九五的剛，必能悔亡，
盡力宣導九五的風範，當然有功無悔。

九五既中又正，是巽德的主導者，
上九過分卑順，反而喪失巽道的價值。

一．初六意志不堅柔弱無依

巽的意思，是謙順。巽卦（䷸）上巽下巽，象徵為人處世應當謙順的道理。卦辭曰：「巽，小亨，利有攸往，利見大人。」巽為謙順，有如卦形的一陰伏於兩陽之下，為什麼只能小亨呢？因為事事順人，固然可以與世無爭，卻往往成不了大事。像風那樣無孔不入，實際上未必產生大作用。由此可見，處巽之道並不是一味謙順，而是應該謙順才謙順，不應該謙順時，就不一定要謙順。以謙順的態度，做好充分準備，等待時機合適，便要有所作為。不但有利於向前發展，而且有利於接受大人的領導。或者自己為社會公益做出良好貢獻，表現出大人的氣象，那就大大亨通了。

初六爻辭：「進退，利武人之貞。」小象曰：「進退，志疑也；利武人之貞，志治也。」進退指猶豫不決，初六以陰柔居剛位，處於巽卦（䷸）的最下位，上與六四兩陰不能相應，象徵位卑而才弱，遇事猶豫不決，有進退兩難的感覺。這種窘境，主要來自意志疑懼萎縮，不能果決。如果武士有這樣的心態，那就不夠勇猛，不像習武之人了。爻辭所說「利武人之貞」，意思是在初六這種情況下，最好效法武士勇敢無畏、意志堅定，做事果決的精神，才不致誤事。若初六變為初九，巽卦（䷸）便成為小畜卦（䷈），對於柔弱無依的進退兩難者，有很大的助益。由意志疑懼萎縮，轉變為意志獲得修治，得以堅強果決，當然十分有利。謙順是良好的修養，但是處於卑下的地位，反而應該勇武一些，果敢地做出進退有據的合理表現，才不致猶豫不決而錯失良機。

巽

初六，進退，利武之人貞。

初六以陰居陽位，處於全卦最下位，上與六四同屬陰爻而不相應，象徵位卑才弱，難免遇事猶豫不決，進退兩難。幸好以柔承九二的剛，有剛健而且能行中道的九二可以追隨。因此不妨學習武士的堅貞守正，一方面使自己從意志疑懼萎縮，轉變成堅強果決，以獲得修治；一方面則不疑九二，隨著九二做出進退有據的合理表現，以免錯失良機。

初生之犢不畏虎，雖不可不畏，但也不應過分懼怕。

二、九二得其中道吉祥无咎

巽卦（䷸）彖辭：「重巽以申命，剛巽乎中正而志行，柔皆順乎剛，是以小亨，利有攸往，利見大人。」

上巽下巽，所以稱為「重巽」。「申命」是三申五令地反覆申達命令。巽為風，重重的風連續吹拂，便是「重巽以申命」。巽卦（䷸）初六與六四兩陰爻為巽主，分別居於下巽和上巽的位置，這種剛正的作風，才是正當的人生態度。陽剛而具有謙順且中正的美德，其意志才得以順利實行。初六和六四陰柔，能夠順從九二、九五的陽剛，即為柔皆順乎剛，所以獲得小亨，象徵順風而行，有所前往必將有利，渴見大人或獲得大人指點時，也都十分有利。

九二爻辭：「巽在牀下，用史巫紛若，吉，无咎。」小象曰：「紛若之吉，得中也。」九二以陽剛處柔位，居下順之中。古代的牀有上下之分，倘若以初六陰爻的兩斷，象徵牀的兩根支柱，九二即為下牀，而九三便是上牀。「牀下」意指下牀，九二謹守中道，與初六親比。「用」為效法，「史」為史官，「巫」即卜巫的人，「紛若」是眾多而雜亂的意思。九二對待初六，有如史官或卜筮的人，提出很多意見，供初六參考，使原本意志不堅、柔弱無依的初六，獲得適當的指引，所以吉祥而无咎。為什麼眾多雜亂還能吉祥呢？主要是由於九二能夠謙順而不失中道，在柔順中仍然發揮了陽剛的力量，因而吉祥。

巽卦的主旨是：初六柔順要學習剛健一些；九二剛健應該柔順待人。進者退之，而退者進之，才是合乎中道的要求。

巽 ䷸

九二，巽在牀下，用史巫紛若，吉，无咎。

九二陽居柔位，雖不當位，卻由於居於下巽中爻，下面又有初六樂於順從，只要自己保持陽剛中正，又能仿傚史官、卜筮的人那樣，提供諸多意見，指引初六走上正道，便能吉而无咎。九五剛健，不要忘記巽卦的大環境是謙順，所以應該柔順待人。就好像牀有上下，自己表示謙遜，睡在下牀，象徵與初六親比，和藹對待。

善待他人，用身教引導他人走上正道。

三、九三頻巽心志陷於困吝

巽卦（䷸）大象說：「隨風，巽；君子以申命行事。」

「隨風」是上風下風相隨吹拂的意思，上風指九五所樹立的風範，下風即九二所形塑的風俗。風範影響風俗，而風俗反應風範，所以說「隨風巽」。君子看到這種情況，反覆地三令五申，一方面用以申達命令，一方面也用來移風易俗，使社會風氣日趨善良，民間風俗日愈端正。

九三爻辭：「頻巽，吝。」小象曰：「頻巽之吝，志窮也。」

巽卦（䷸）九三陽居陽位，來到下巽的極位，又有六四凌乘於上，只好勉為其難地謙順。「頻」是不樂的樣子，「兼」有屢次的意思，頻頻地不樂，委屈地謙順，當然有過失，卻僅止於口頭宣稱，並不誠心改過，為什麼呢？因為九三爻位俱剛，又處下巽的極位，心志已經困窮，因而憾惜。

下巽三爻，是風俗的塑造者。初六是領頭羊，以陰柔居陽剛的位置，若能效法武士勇敢無畏的精神，提出自己對風俗的挑戰，便可使意志獲得合理修治。九二是領導者，代表民間領袖，也是風俗的主導者，剛中謙順，不失中和的美德。一方面提供初六很多參考意見，一方面把上牀的位置讓給九三，使其由「志窮」而「志伸」，改變口頭認錯卻不真心改過的不良習慣，誠心改變，同心協力以移風易俗。三爻以九二居中，做出上下配合的良好措施。相信在九五的優良風範下，初六能進退有據，九三從困吝中掙脫出來。下巽的和風，同樣對上巽提供了穩定發展的基礎，使九五更能展現大人的風範，發揮更為合理而充實的九五之吉。促使處巽之道，更趨合理。

巽 ䷸ **九三，頻巽，吝。**

九三以陽剛居陽位，當位。但是位於下巽的極位，其用已窮，就算勉為其難地謙順，也頻頻不樂，顯得十分委屈。最好的辦法，應該是改變吝嗇不行的錯誤態度，坦白承認自己心中不滿，誠心求取改善。從巽卦九二、九三、六四合為兌（☱）象著手，上面多和六四連繫，協助其順利宣導九五旨意；下面加強九二的主導力量，自己也能夠獲得內心的喜悅，何樂不為？

改變自己的心態，做好承上啟下的工作，化吝為樂。

四．六四獲得庇佑有功悔亡

巽卦（☴☴）下巽為風俗，上巽即為風範。九五是老大、上九為大老、六四則是負責宣導的人士，三爻密切配合，將優良的風範，無孔不入地向社會大眾宣導，蔚為善良風俗，收到風行草偃的效果，巽的小亨，就有望成為大亨。

六四爻辭：「悔亡，田獲三品。」小象曰：「田獲三品，有功也。」六四以陰爻居陰位，居上巽的下爻，卻凌乘於九三剛健，有柔乘剛的風險，好在當位，又以柔順上乘九五的剛健，因而乘剛的悔得以消亡。「三品」即田獵時所獲得的成果十分豐厚，顯得很有功勞。六四在九五領導下，負責宣導的工作，就算職位不高而態度謙順，下巽三爻也應該看在九五的份上，給予相當的禮遇和配合，所以悔亡。六四與初六兩陰不能相應，又下乘陽剛的九三，由於以柔居柔，守正以柔順上乘九五的指示，不失職，而且宣導有功。原本有悔，也得以消亡，用意在激勵宣導政令、申達上命時，應當不畏抵禦、不怕排拒，全力以赴才是。

當然，主要條件是九五堅守正道，才能庇佑六四，使其有功悔亡。否則下巽三爻，對九五心生不滿，必然在六四宣導政令、申達上意時，給以難堪和抗拒，那時候六四與初六不相應，又凌乘於九三陽剛之上的種種不足，必然備受指責而有悔不能亡。宣導不成，申達命令也遭受抗拒，談不上有功，也就有虧職守了。巽卦的首腦人物，畢竟還是九五，下巽三爻，抬頭觀望六四時，眼光一定會再抬高一些，直接看到九五的風範，然後才據以決定回應六四的態度。

巽 ䷸ 六四，悔亡，田獲三品。

六四陰居陰位，當位。上有九五既中且正的風範，下有六二主導的移風易俗核心團隊，只要自己願意充當薪木，供上下重陽燃燒發出光明，自然悔亡。何況九五和九二這兩位風範和風俗的主導人士，都能夠秉持中道，當然有功而獲得獎賞。四爻原本多懼，由於九五的賢明領導，也變得有功無悔。

做好上下的溝通橋樑，有功無悔。

五．九五既中且正无所不利

巽卦（䷸）九五爻辭：「貞吉，悔亡，无不利。无初有終，先庚三日，後庚三日，吉。」小象曰：「九五之吉，位正中也。」九五以陽爻居陽位，又是上巽的中爻。既中且正，成為全卦的靈魂人物。巽道能不能得其正，端視這位卦主，是不是能堅持合理的貞操？倘若如此，便可獲得吉祥，所以說「貞吉」。巽道的要旨在正。不正的巽，必然有悔。九五剛而能巽，也就是以陽剛性氣，能合理實踐巽道，當然悔亡，無往而不利。古人使用天干、地支循環相配以紀年，十天干即甲、乙、丙、丁、戊、己、庚、辛、壬、癸；十二地支為子、丑、寅、卯、辰、巳、午、未、申、酉、戌、亥。十天干和十二地支配成六十組，稱為六十甲子。每六十年一循環，又重新開始。庚在十天干中，排序第七，已經過了半數，象徵可以進行變革。「庚」與「更」同音，含有變更、更改的意思。「先庚三日」指庚的前面三位，便為丁，即是再三叮嚀；「後庚三日」指庚的後面三位，即是癸，意思為揣測、揆度。九五是申命行事的主體，事先不厭其詳地再三叮嚀，事後認真揣測，揆度大眾的反應。就算剛開始難以為人接受，終久也得以實行，所以說「无初有終」，也可以說凡是新命令，在發佈的前三天，就先放出風向球，使大眾有所反應而加以解說。發佈後三天才開始實行，使大眾有充分準備的時間。既剛正又謙順，和九三的頻巽志窮，當然大不相同。九五內剛外柔，意志十分堅定，態度則很謙遜，合乎巽道的要求，位居中正，又能堅守中道，吉无不利。

巽 ䷸

九五，貞吉，悔亡，无不利。
无初有終，先庚三日，後庚三日，吉。

九五以陽剛居陽位，又是上巽中爻，既中又正。由於明白巽道的要旨，能夠內剛外柔，在決定改變的前夕，先行透露訊息，使大家知所準備，命令宣佈之後，又能提供緩衝期，使大家獲得調整所需的時間，既剛正又謙遜，剛開始或許難以為人接受，終究得以順利實施。這種无初有終的正當心態，能達到悔亡而无不利的境界，所以吉祥。

剛健而能謙遜，開始緩慢一些，最終有良好的效果。

六、上九喪其資斧位極而凶

巽卦（䷸）上九爻辭：「巽在牀下，喪其資斧，貞凶。」

九二和上九同樣巽在牀下，為什麼九二吉而无咎，上九則貞凶呢？因為九二是移風易俗的主導者，對於九五所展現的風範，當然應該格外尊重、推崇，自己睡下牀，把上牀留給九五，以示謙順。上九是大老，理應保持巽的正道，以配合九五的風範，現在卻過分謙順，自己睡在下牀，相當於喪失了資助決斷的斧頭，顯得用巽不得其正，非但無益，反而身受其害。必須及時守正，以免凶險。

上九以陽剛居陰位，又在全卦的極端，象徵居上而偏離中道，有過巽的遺憾。爻辭說貞凶，最好提高警覺。

小象曰：「巽在牀下，上窮也；喪其資斧，正乎凶也。」

自己睡在下牀，把上牀空出來，卻沒有人敢睡。象徵上九居上位卻過分謙順，使自己陷於窮困的地步。「資」表示所有的，「斧」指決斷的工具，喪失所有的決斷工具，實在是失策。最好守持貞正，以防凶險。《易經》的道理是物極必反，巽過了頭，便失其正。上九嚴防謙順得過份，否則必凶。任何時位，都需要決斷的工具，才能夠適時、適位做出合理的判斷。上九喪其資斧，做出不合理的反應，凶。

上巽的主旨，在以九五的風範為主體，做到《論語‧顏淵篇》所說：「君子之德，風；小人之德，草。草，上之風，必偃。」九五代表君子之德，主要在展現風範。下巽三爻為草，以九二為中心，承受上巽的風範，順風而倒。趁著風力移風易俗，可見九五的作為，才是巽卦的主導力量。

巽 **上九，巽在牀下，喪其資斧，貞凶。**

上九以陽居陰位，又是全卦的極端。象徵居上而偏離中道，難免因過份謙順而凶險。自己睡下牀，上牀沒有人敢睡，這不是把自己逼到窮困的地步嗎？一下子將所有用來決斷的工具，全部喪失掉，實在是失策，最好的辦法是守正以防凶險。

過份謙順，不但無益，反而有身受其害的凶險。

我們的建議

1 巽是風，具有順入的作用，無孔不入，有時想擋都擋不住。八卦中的巽（☴）卦，一陰爻在下，兩陽爻居上，啟示我們：一陰爻以柔順的性質，能夠進入兩陽爻的剛健之中，象徵要順利進入陽剛，最好採用柔順的方式。

2 有人喜歡硬碰硬，結果兩敗俱傷，便是不遵守巽道所造成的惡果。自古英雄難過美人關，難道還不足以證明柔才能克剛的道理？風的力量，實在不能夠加以忽視。

3 我們常說「見風轉舵」，相當於見機行事，必須在動機純正，為了隨機應變，而不是為了投機取巧的前提下，才會合乎巽道。同樣「有孔便鑽」，也要看出發點正不正當？正當就可取，不正當便不可取。風並沒有罪，而是人要負起完全的責任。

4 巽卦（䷸）上巽下巽，稱為重巽，象徵組織中要求上下一心，最要緊的是上要正，下才能順；上若是失正，下便可能吹起不同方向的風，如此一來，唱反調也是合理的，在上位者必須自我反省。

5 風氣的改變，實際上是由一、二個人所主導。這一、二人當然是處於上巽的位置，特別是九五，率先表現出良好的風範，又能禮賢下士，有謙遜的美德，自然會產生重大的影響。

6 巽卦（䷸）的主旨，在當進即進、應退便退。由於上巽的九五和下巽的九二，都是陽剛居中，而六四和初六又能以陰柔順應九五和九二的要求，所以悔亡而吉祥。

《第九章》

如何看待
震巽這兩卦？

震是動的意思，但是不是一般的動，而是大動，
是令人心驚膽跳的震動，能促使我們自我反省。

巽是順入的意思，卦名用巽不用順，
表示要巽得合理，不應該盲目地順從。

孝順的含意不明，使人誤認為順即是孝，
從小盲目順從父母，長大後必然成為逢迎小人。

順又分為可順不可順，必須謹慎加以明辨，
可順才順，不可順時，務必堅持不盲從的原則。

當不可順又勸阻不成時，陽奉陰違可偶一用之，
合理且不得已時才用，並不是常常可用，務必慎之。

震時不驚，稱為處變不驚，值得稱道。
不合理時不順，才是真正的巽道，必須謹明辨慎思。

一、人生多震動必須善順入

震卦（䷲）又稱為洊雷卦，「洊」是重襲的意思，一次接著一次打雷，令人心驚肉跳。象徵人生的旅程中，我們的主張，經常不為環境所接受，到底要堅持，還是放棄？使我們覺得承受重大的打擊，卻不知如何因應才合理？

輕易放棄自己的主張，不但對不起自己，還必須承受良心的責備——這麼好的主張，怎麼能夠放棄，實在是太不負責任了！但若是堅持己見，那又會成為眾人攻擊的硬漢——憑什麼這樣堅決，豈不是剛愎自用？缺乏謙順的修養。

這時候巽卦（䷸）的道理便十分重要。做硬漢固然令人敬佩，卻必須承受無情的打擊。一味敷衍，像風一樣無孔不入，四方八面都沒有障礙，又常常受人指責，使大家喪失信心。巽卦告訴我們，先審度大環境的情況，是正或不正？好比我們遇到打雷，經常會捫心自問：「有沒有做什麼虧心事？會不會遭到雷殛？」同樣的道理，大環境的氣氛，能夠據理力爭時，當然不必放棄自己的主張，可以一而再、再而三，用各種令人聽得入耳的話語，來堅持自己的主張。到了實在行不通時，就要暫時放棄，等待合適的時機再來闖關。也就是說，如果大環境不許可，我們還是可以提出主張，但不一定要強求堅持到底。連孔子都時常感嘆：「時也，命也。」何況我們呢？《論語・子罕篇》記載：「子曰：『步寒，然後知松柏之後凋也。』」天氣不夠寒冷，彰顯不出松柏的耐寒能力；事情不遭遇震動的艱難，哪裡顯得出君子的謙順修養？能進即進，不能進則適可而退。做不做硬漢，根本不是問題，在這種情況下，硬到什麼程度才是恰到好處，則端視風力的大小、方向而定。

人生多震動：

↓

起起伏伏、有起有伏、有順境也有逆境。

↓

堅持貫徹自己的主張，或是向環境低頭，兩難。

↓

透過巽道，找出兼顧的合理點。

↓

善於順入，卻能堅持正道。

↓

以巽道因應震動，務求合理。

二◦平時廣結善緣進退皆順

巽卦（䷸）的要旨在廣結善緣。巽卦上巽下巽，六爻並不相應，也只有九三、六四、九五三爻當位。由初六、六四兩陰爻主事，以柔化剛。柔在下，卻能向上化解剛健的阻礙，形成下巽以風風上，上巽以風風下，彼此互相勸善，實在是人間教化的莫大力量，值得學習和實踐。

一般人對廣結善緣的看法，大多採取佛家的觀點。認為多行善舉，可以獲得眾人的稱讚和擁戴。實際上，應該將巽道應用在日常生活當中，先使自己的心念端正，然後秉持「該進則進，應退即退」的原則，冷靜看待社會現象，和氣對待所遇到的人，等待適當時機，巧妙地給予合適的協助或勸告，發揮最大的參考權，使週遭的人，樂於自動參考，由不排斥而變成同道好友，才是真正的廣結善緣。

如果抱持功利主義心態，認為在人生的旅途當中，經常會遇到很多料想的到或意料之外的震動，我們不知道何時會需要什麼樣的協助和勸告，因此便先施後受，以期廣結善緣，日後就會有人適時回報——一旦抱持這種心態，就已經不合乎巽道的要求了。為了私利，居於回報，想得到他人適時的協助，動機就已經不夠純正。有時就算可能獲得某些好處，終究不能成就巽道的修養。

此時若能將兌卦（䷹）和巽卦合而觀之，試想，一個人能夠不求回報地發揮自己的參考力，使朋友之間的交情愈加深固，已經是內心歡悅，為什麼一定要求取回報或是獲取其他的功效呢？兌卦安排在巽卦之後，實際上即在提醒我們：純真的巽，才能獲得真正的悅。而進退皆順，不過是兌卦的附加價值而已。

廣結善緣的真義：

↓

先使自己心念端正，秉持「該進則進，應退則退」的原則。

冷靜看待社會現象，和氣對待眾人。

等待合適時機，巧妙透過協助和溝通的方式。

發揮最大參考權，使人樂於自動參考、比照、仿傚。

由不排斥，逐漸變成同道好友。

↓

但求內心歡愉，不宜存心求取回報。

純真的巽，才能享受真正的悅。

三、以上順下才是卑巽之正

以下順上並不難，這是由於情勢不利，不順也不行；以上順下，那就需要相當的修養。巽卦（䷸）的真義，不在提醒我們應該謙遜、順從，而在啟示大家：巽道有可用與不可用，必須明辨慎行，務求巽得合理，方為正道。

初六與六四，以一陰爻潛伏於兩陽爻之下，象徵「人在屋簷下，不得不低頭」的無奈。卑順得合理不合理？要看九二和九五，以陽剛行中道，是不是真的言行一致，值得我們追隨？卦辭只說「小亨」，便是不問九二、九五如何表現？一味順從，充其量只能減少困擾，佔一些小便宜。要想做大事，這種態度是不行的。必須應該順才順，不應該順便不順，才是正當的謙順。任勞之外，還需要任怨，若是為了整體利益，而受到莫有的指責和抱怨，也不必過於耿耿於懷。

九二和九五，雖然居中得正，也應該記取卦辭「利見大人」的警語。大人從物質的層面來看，仍然是人，和一般人並無不同。所不同的，是精神層面——在心理上能夠仁愛萬物；在言語上能夠深入淺出；在行為上能夠禮賢下士；在態度上能夠和藹可親；在領導上能夠以上順下。

以上順下並不是放棄自己的主張，或者把責任推諉給下屬。應該是將心比心，站在下的立場來考慮，採取易於接受的方式，使大家樂於自動參與，奮力以赴。大人具有「人上人」的素養，卻能夠以「人中人」的姿態，善與群眾溝通，促使大家明瞭，並且具有先見之明，把團隊帶領到光明的境界，這才是利見大人，因此無往而不利。

以下順上 v.s. 以上順下

以下順上	以上順下
情勢不利，不得不順。	以上順下，需要修養。
下情難以上達，很不利。	虛情假意，並不持久。
倘若存心討好，	一旦失去信用，
因而盲目順從，	彼此缺乏信任，
那就是小人行徑，可惡！	成為欺騙行為，可惡！
以下順上，	以上順下，
必須小心分辨：	應該動機純正，
合不合理？	才是人上人的風範。

四．震是苦難用以磨練自己

有才能的人，大多自負，自認為了不起。又受到「文人相輕」的錯誤指引，把三國時代曹丕所說的「文人相輕，自古而然」視為理所當然，因此看不起別人，也造成了自己的盲點。人非聖賢，不可能沒有過失，這時候明明自己看不清楚，最需要明眼人指點，卻由於自負，使他人不方便、甚至於不敢明說，最後吃虧的還不是自己？加上沒有人說，或者自己聽不到，便以為沒有缺失，顯得十分輕率，偏偏又喜露鋒芒，深怕別人看不出自己的才能，把孔子所說：「人不知而不慍」當做耳邊風，極力自吹自擂、裝模作樣，甚至於「人不知而大怒」，因而增加他人的反感，使自己更為不利。

震卦（䷲）的好處，便是透過苦難，磨掉自負、輕率、鋒芒的三大毛病。使我們能從「一陽爻始生於兩陰爻」的苦難中，體會出如何突破重重障礙、脫穎而出的不二法門。「不二」並不是唯一，因為一陰一陽之謂道，一中含有二，而二必須合一。把震卦（䷲）和它的錯卦也就是巽卦（䷸），合而觀之，不分開來思考，才能夠明白「合理謙順、適時而出」的道理。

雷的產生，是源於陰陽兩氣的衝突，因而能發光、發聲、發電。人與人之間，由於意見不同，難免有生氣、大聲、發火的現象。陰陽相生又相搏，必須藉助於「中子」的調節均衡，所以人與人之間的衝突，最好也由「中道」來協調。我們平日講求中道，養成凡事求合理的習慣。處平時卻不能忘危，即使遇到非常的震動，有如洊雷般震驚百里時，心裡也有主張定見，仍能安詳自處，笑談中可以化危為安。

用震動來磨練自己：

1. 去自負

自認為了不起，
看不起別人。
聽不到真心話，
看不清自己的缺失，
又沒有人指點，
對自己最為不利。

2. 去輕率

輕忽自己的缺失，
草率決定事情。
不知謹慎小心，
認為有的是辦法。
不能思慮周詳，
當然陰溝裡翻船。

3. 去鋒芒

鋒芒畢露，
唯恐不為人知。
一見面就急於掏名片，
抓住機會便自吹自擂，
竟然說是為了「推銷自己」，
豈不是把自己貶低成商品？

三大毛病，務須根除。

五、最好培養敬業樂群精神

若要能真正實踐震（䷲）巽（䷸）之道，必須先對工作產生熱誠。倘若對工作缺乏興趣，工作精神蕩然無存，充其量不過是一付工具，依照命令辦事而已。這時候既缺乏震卦（䷲）中陽爻的剛健之氣，也感受不到巽卦（䷸）那種陰爻以柔順之質，進入二陽爻剛健之中的樂趣。唯有培養對工作的深厚興趣，才能憑藉真心，盡其所能地，將工作做到合乎理想的要求。進一步，再將這種對待工作的熱誠，提升到對待同仁，擴大到對待所有的人，使每一個人都能深具熱誠。我們深信，只有敬業的人，才能夠享受樂群的喜悅。敬業是震道的實踐，而樂群則是巽道的效果。現代人把敬業樂群當做口號，真正實踐的人少之又少，這是什麼原因？主要來自「成者為王，敗者為寇」的考核制度，使大家眼中只有成敗，卻無視於天地之間除了成敗，還有更為重要的道理。我們生而為人，應該以完成做人的基本任務為主，若是不能敬業樂群，績效良好又有何用？「成者為王，敗者為寇」，必須和「不以成敗論英雄」相提並論，兩者合而為一，才能使人真正領悟「一陰一陽之謂道」的真諦。真正的績效，必須建立在敬業樂群的基礎上。在工作職場中，實踐孔子所說：「出門如見大賓，使民如承大祭」（《論語・顏淵篇》）——出了大門，對人十分謙恭，好像見到了重要的賓客；使用民力時，十分謹敬，有如承擔大祭典那般謹慎小心。隨時以「己所不欲，勿施於人」的心情來將心比心，這種工作倫理，是現代人亟須重視的課題。

培養敬業樂群的精神

敬業	樂群
專心謹慎做好份內工作， 首先對工作產生熱誠， 對工作有深厚興趣， 憑藉一片真誠的心， 盡其所能把工作做好。	喜歡與他人相處， 熱誠對待周邊的人， 對人謙恭有禮， 己所不欲就勿施於人， 凡事將心比心。

不以成敗論英雄，接受成者為王，敗者為寇的事實。

六．把握可順與不可順的度

古人說孝，只用一個「孝」字，並未和「順」字連用。後來採取複詞，才把順字加進去，變成「孝順」。此舉不免引起相當的誤解，以為孝便是順，而順才是孝。實際上「孝」和「順」並不相同，不宜混為一談。孝不一定要順，而順也未必就孝。可惜長久以來，孝順一直被扭曲，造成錯亂的誤解，也造成很多不幸。我們把「天下無不是的父母」，按照字面解釋為「凡父母所作所為，都是對的」，而把《孟子‧離婁篇》所言：「不順乎親，不可以為子」，解釋成「不聽從父母的話，便不是好子女」，因而一昧盲從，反而害了父母，也使自己成為不孝的子女。

若依據《易經》的思維方式來解釋「天下無不是的父母」，意思應該是：「天下的父母，基本上都是人。只要是人，就不可能不犯錯。但是，身為子女，不適宜指責父母，只能委婉地勸諫」。《孟子‧滕文公篇》也說過：「以順為正者，妾婦之道也」這樣的話，分明是對於妾婦把順從當做正當的標準不表贊同。子女只能順從其可順從，不應當順從其不可順從。我們在家庭中，最好從小培養這種正確的觀念，做為長大以後實踐異道的基礎。因為不可順從而盲從，根本就是不敬業、不自愛的表現，當然是不正當的行為。

《論語‧里仁篇》記載孔子所言：「事父母，幾諫；見志不從，又敬而不違；勞而不怨。」倘若父母有什麼不對的地方，子女就應該婉轉勸諫。如果父母不接受，子女還是要尊敬父母，但仍不放棄諫諍。子女就算覺得憂勞，卻一點也不能怨恨。此種可順才順、不可順時便不盲從的態度十分可貴。

把握可順與不可順的度

可順

可順才順，
必須順得合理。
盲目順從，
並不值得鼓勵，
難免有諂媚逢迎的嫌疑，
令人不敢信任。

不可順

不可順就不應該順，
才是正當的行為。
站在不順的立場來順，
從小就要養成習慣。
事父母，幾諫；
對上司，更應該據理力爭。

可與不可，以合理為評量標準

我們的建議

1 冬天蘊藏在地下的陽氣，到了春天，藉由春雷震動，散發到地面，促成萬物甦醒的歡愉。家中長男誕生，未來有了接續的希望，同樣令人歡欣而奮發。震動的好處，在於帶來歡樂，使人對未來充滿信心，安祥而和諧。

2 打雷的時候，促使大家反省，有沒有做虧心事？這樣反求諸己的精神，如果能夠持久發揚，形成時時反省的良好習慣。打雷時就不致格外緊張、久久難以平息。

3 任何組織都需要培養接班人，震卦（䷲）的啟示對接班人至為重要。臨危不亂的鎮靜工夫，自我反省的良好習慣，以及居中執正的美德，都應該及早培養。

4 可順不可順，最好從小在家庭中養成習慣。否則從小卑微，長大後不辨是非、不明善惡、唾面自乾，豈不成為卑鄙小人？巽卦（䷸）的卦名，取巽不取順，便是提醒大家：不可盲目順從，以免喪失做人的價值，不正也不當。

5 《孝經》曰：「父有爭子，則身不陷於不義。」爭比諫更堅持。若父母有不合理的地方，子女盲目順從，必然陷父母於不義，反而成為不孝。和緩地據理力爭，才是孝。

6 當諫勸不成時，陽奉陰違也不失為因應之道。不得已而為之，也是一種權宜應變之計，合乎巽道。合理的陽奉陰違並不為過，這是《易經》陰陽合一的思維。

《第十章》

如何
生無憂而死無懼？

首先，以求得好死做為人生的總目標。
認定安寧是人生的根本要求，不分人我。

凡事安則為之，不安便不能為，
人人修己安人，社會自然得以安寧。

養成每天自我反省的良好習慣，
務求以合理做為取捨的不二標準。

享受人生的起伏過程，順逆皆宜，
不必過於強調結果，以免產生不良影響。

順易理而行，明白利者義之和的道理，
仁義由自己主宰，不必聽命於他人。

君子不憂不懼，自力便能達成，
不求有功，但求無過，是基本的要求。

一 首先養成自我反省習慣

君子不憂不懼，並不是遭遇艱難險阻時，才不憂慮也不恐懼，因為這種態度，幾乎是不敢面對現實，也不負責任的表現。基本上沒有資格稱為君子，不足以成為典範。

子曰：「內省不疚，夫何憂何懼！」（《論語‧顏淵篇》）。一個人要養成經常反省的習慣，倘若反躬自省，沒有什麼不好的行為，那就沒有什麼可憂可懼的了。「疚」是病的意思，「內省不疚」指自己反省，並沒有毛病。《論語‧子罕篇》則說：「仁者不憂，勇者不懼」，有仁德的人，不致憂慮；有勇氣的人，不會恐懼。反省的內容，不妨效法曾子所言：「為人謀而不忠乎？與朋友交而不信乎？傳，不習乎？」（《論語‧學而篇》）。孔子多次指出為人要「主忠信」，為人忠實，又講信用，到任何地方都行得通。待人忠厚，言行忠實，待人處事都要忠。「為人謀」是替別人做事，指的是正當的事，不正當的事，根本就不應該做。朋友有信，才能得道多助，彼此真心互相交往、互助互惠。

最大的忠，是自己犧牲奉獻，為社會人群謀福利。此語乍聽之下似乎是在唱高調，然而放眼望去，蟲兒犧牲自己，為小鳥所吃；羊兒犧牲自己，為狼所吃；草犧牲自己，為牛、羊所吃……種種的自然現象，都顯示萬物無不勇於犧牲自我，做出合理的奉獻。為什麼人類就捨不得自我犧牲？反而要求別人為自己犧牲奉獻呢？孔明就是「鞠躬盡力，死而後已」，才會流芳萬世。正因為倫理道德講求犧牲奉獻，因此才格外值得珍視。這些傳世的寶典，每一個人都應該熟習，並且躬身實踐，而非片面要求別人實踐。

每日三省吾身

為人謀而不忠乎？

為人謀應該以正當的事為範圍，
既然為人籌謀，當然應該忠實守信。

與朋友交而不信乎？

朋友有信，才能得道多助，
雙方真心交往，彼此交心，求互助互惠。

傳，不習乎？

傳世的寶典，經得起時間的考驗，
應加以熟悉，並且躬身實踐，以養成習慣。

二．君子愛財必須取之有道

現代經濟發達，物質生活改善，大家對於金錢財物的追求，可說是空前熱衷。人人都希望快速地獲得第一桶金，並且愈多愈好。有人甚至於公開傳授賺取金錢、累積財富的方法，竟然頗受歡迎。二十一世紀才剛剛開始，前所未有的金融風暴便快速而無預警地席捲全球，提醒大家要重溫《論語・里仁篇》中孔子所言：「富與貴，是人之所欲也。不以其道得之，不處也。貧與賤，是人之所惡也。不以其道得之，不去也。」追求富貴，厭惡貧賤，原本是人與生俱來的本性。但是人人喜悅的富和貴，如果不依循正道，就算可以得到，也不應該取得；人人厭惡的貧和賤，倘若不依循正道，即使能夠避免，也不應該規避。無論如何，這種君子愛財、取之有道的原則必須堅持下去，人類才有光明的未來。倘若自由過度，信用無限制膨脹，大家又過分相信制度，而不能兼顧道德的重要性，恐怕下一次的風暴將會更大、更可怕。

西方人把道德修養交給上帝，認為職業生活與個人道德修養，兩者並沒有直接關係，發展出：「只要合法，有什麼不可以？」的錯誤心態；又善於包裝，把虛假包裝成厚實可靠，利用現代人貪念日愈高漲、有部分知識卻不能開啟智慧，盲目聽從某些不肖的理財顧問以行銷之名、行詐騙之實，即使是高級知識份子，仍可能會毫無警覺地掉入陷阱中，而承受了嚴重的財物損失。

追本溯源，問題就出在不重視職業倫理、不相信良心和工作技能同等重要，出在對孔子所言：「君子喻以義，小人喻於利」的嗤之以鼻，認定這種思想既落伍又不合乎現代意識，才會有以致之。

君子愛財

- 富與貴，是人之所欲也。
- 不以其道，得之不處也。
- 自由過度，並不是真正的幸福。

取之有道，才能持久。

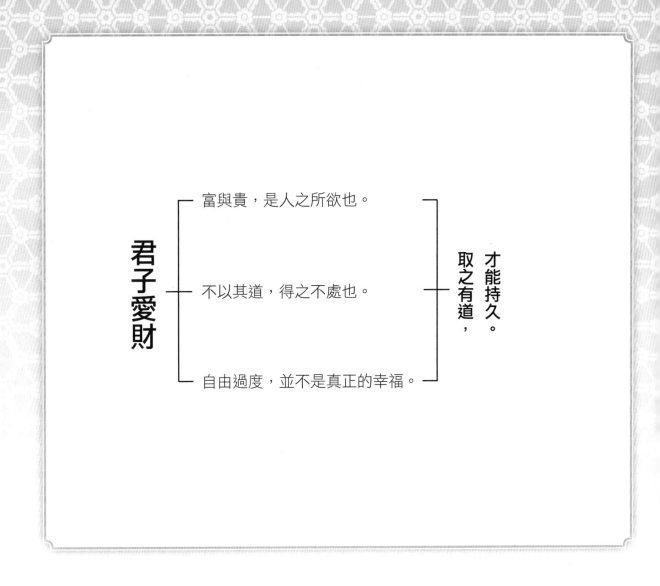

三、以求得好死為人生目標

求得好死，是死得心安的正面說法。《論語．陽貨篇》記載：「子曰：『予欲無言。』子貢曰：『子如不言，則小子何述焉？』子曰：『天何言哉！四時行焉、百物生焉。天何言哉！』」孔子是聖人，卻不敢以聖人自居，他以「天」代表精神世界，而已「地」象徵物質世界。土地生長萬物，人類才能賴以生活，足證孔子並沒有看輕物質世界。然而，蒼天什麼話都沒有說，並不表示什麼都沒有做。天是自然的代表，提供人類向自然學習的目標。以自然為師，不能等待自然有什麼言辭、有哪些說法來啟示人類，而是人類要自己用心體會，多加領悟，看到自然而能反省自己。孔子希望學生們經由他的指引，能夠直接向天學習，所以才發出這樣的感慨！

生、老、病、死，是人生必經的過程，多少憂患、恐懼都由此而生。為什麼我們不提升眼界層次，去體會、去對照成、住、壞、空的自然景象？土地為植物犧牲奉獻，成為植物的母親；植物為動物犧牲奉獻，成為大多數動物的母親；動植物又為人類犧牲奉獻，成為人類賴以生存發展的母親。動植物無憂無慮，人類為什麼既憂慮又恐懼？主要是捨不得犧牲奉獻，而且自私、貪婪，以致心不安理不得，走上不得好死的結局。倘若能認清犧牲奉獻的本質，瞭解人生最崇高的目標，實際上即在「求得好死」。人只要平心靜氣，心安理得地走一步算一步，是不是所有的憂慮和恐懼，都將一掃而空呢？人生有順便有逆，未來有生就有死，一切都有既定的變化，又有什麼好憂慮恐懼的呢？

宇宙是一個包羅萬象的大生機：

每一刻都在創造發展，

每一地都在流動貫通。

↓

孔子說：「天何言哉，四時行焉，百物生焉。」

希望大家可以直接以自然為師，向自然學習。

↓

動植物無憂無懼，人類反而很不容易做到。

↓

主要原因，即在於自私、貪婪的心態，以致心不安寧。

↓

倘若能時時以求得好死為念，應該可以大大改觀。

四、過程永遠比結果更重要

《易經》六十四卦，象徵宇宙人生循環不已的過程。以既濟（䷾）、未濟（䷿）來提醒我們，人生的結局不過是不了了之。結果如何實際上並不是十分重要。多少人生時不受重視，死後才愈來愈受尊崇。有很多人生時榮華富貴，死後卻遺臭萬年。生前所結的果，必須經過時間的考驗，才能夠斷定其善惡、優劣。何況判斷的標準，又有很多人為的操作，並不一定公正，否則歷史上那些翻案、辯解，又所為何來？

按照《易經》的道理，大自然不過是自然而然，並沒有什麼善惡、優劣、好壞、良窳的區分。人基於鼓勵向上的信念，不得不做出若干判斷，實際上仍僅止於局部，未能涵蓋全部，也就是「殺雞儆猴」式的點到為止。大自然所重視的，應該是過程，只要過程合理，結果如何？實在沒有評論的必要。颱風、地震、海水倒灌、火山爆發，都是自然現象，沒有辦法、也沒有必要去做出善惡、好壞的判斷。

人生在世，凡是應該做的，就要盡量去做，不能因為擔心結果，便放棄大好的機會，這也是孔子反對占卜的主要原因。占到吉，做；占到凶，不做，如此一來，人就會變成占卜的傀儡，豈不是不信蒼生信鬼神呢？慎始的重點，在仔細評估此事的正當性和合理性，現代人卻偏重收益性和私利性，當然內心不安，而有所憂慮且心生恐懼。最好能單純地應該做就做，審慎地尋找合理點，問心無愧。不論結果如何，將來回憶起來，都會是甜美、可貴，內心充實而喜悅的。享受艱難險阻的過程，盡人事以聽天命，自然能夠生無憂而死無懼。

人生目標	生活過程	最後結局
以求得好死為總目標 以求得安寧為根本要求 以合理為衡量標準	充滿各種艱難險阻 都應該盡力而為 凡是應該做的事情 都不可以躲避 不論情況如何 將來都將成為 一段美好的回憶 使人得以充實 內心不覺得愧疚	人人平等 蓋棺論定 無法重新來過

五・能主宰的不必依賴他力

人生在世，所能夠主宰的實在不多。有太多變化，根本不是自己的能力所能改變；有很多遭遇，也超乎了自己所能掌握的範圍。《易經》提示我們，人所能自己主宰的，實際上只有一項，便是不斷提升自己、充實自我。所以《論語・述而篇》記載：「子曰：『仁，遠乎哉？我欲仁，斯仁至矣！』」只要有心為仁，仁就到來了。說得淺顯一些：「我想憑良心，便能夠憑良心。所有的阻攔，還不是來自於我們自己的內心？」

仁包含恭、敬、信、恕、忠、知、勇等美德，可以說是諸德的總稱。仁必須合義，即為合理的仁德。所以〈繫辭下傳〉說：「天地之大德曰生，聖人之大寶曰位。」——天地間最偉大的德性莫過於化生萬物。聖人最可貴的，便是崇高的地位。接著說：「何以守位曰仁，何以聚人曰財。理財正辭，禁民為非曰義。」仁德是聖人守住崇高地位的法寶，而「禁民為非曰義」是指能夠設法禁止百姓做不正確的事，便可稱之為道義。〈說卦傳〉中明白指出《易經》的三才之道：「立天之道曰陰與陽，立地之道曰柔與剛，立人之道曰仁與義。」人所能夠主宰的，也就是仁義，在這方面，不必依賴他力，也可以擺脫環境的影響，一個人想要仁義，任誰也擋不住。仁者不憂，表示有仁德的人，不會憂懼，而義無反顧，就算面臨危急、死亡，也不致恐懼；對仁義有充分認識，可以智者不惑；勇敢地行仁，便能夠勇者不懼。這樣的修養，不必假手他人，或依賴外力，自己可以完全掌握，只要把六十四卦，逐一深入瞭解，並且互相連貫起來，凡事合起來想，不分開來看，當然可以做到生無憂而死無懼。

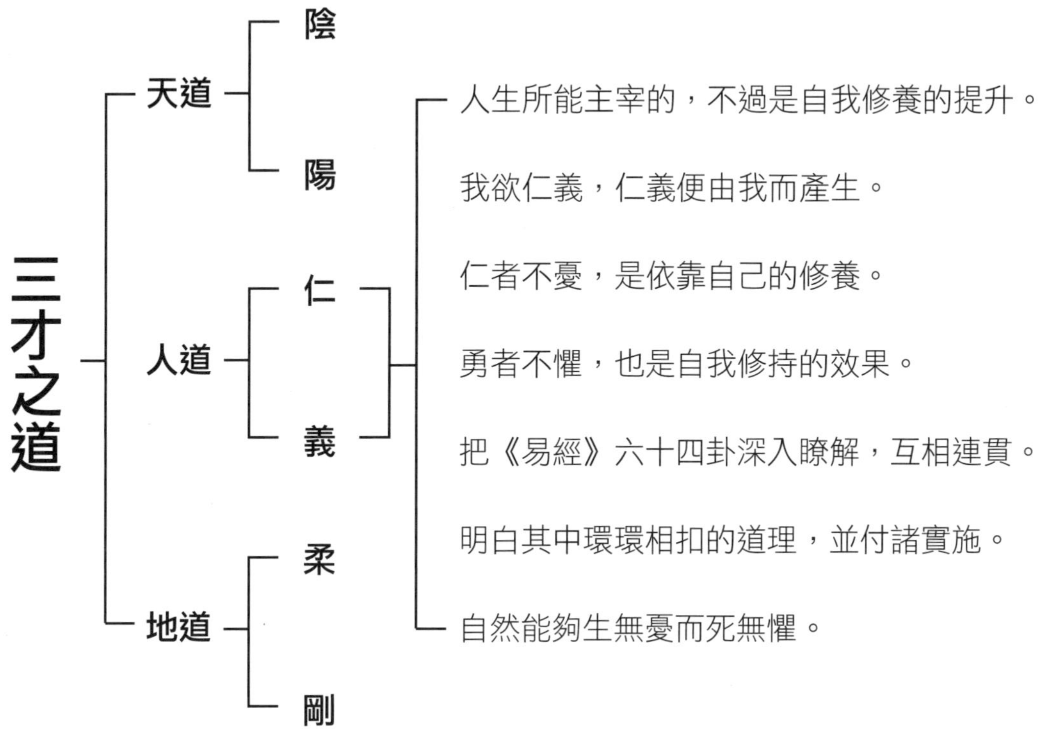
三才之道
天道
陰
陽
人道
仁
義
地道
柔
剛
人生所能主宰的，不過是自我修養的提升。
我欲仁義，仁義便由我而產生。
仁者不憂，是依靠自己的修養。
勇者不懼，也是自我修持的效果。
把《易經》六十四卦深入瞭解，互相連貫。
明白其中環環相扣的道理，並付諸實施。
自然能夠生無憂而死無懼。

六、仁者不憂慮勇者不恐懼

《論語・子罕篇》記載：子曰：「知者不惑；仁者不憂；勇者不懼。」仁德的人不會憂慮；勇敢的人不致恐懼；有智慧的人，明白這些道理，當然不會產生疑惑，而能樂在生活。現代人過分重視功利，是不是和仁義不相合呢？其實並沒有那樣嚴重。把仁義和功利用二分法彼此對立，認為彼此相反而不能相容，可以說是長期以來，不求甚解所造成的誤會。依據《易經》的思維法則，我們可以把仁義和功利合起來想，很容易明白「只有實行仁義，才能獲得真正的功利」，兩者如影隨形，具有密切關係的道理。孔子說利有「合義」與「不合義」兩種；現代人則認為利有「正當」與「不正當」的區分，事實上兩者觀點完全相同。正當的利，即為正利，應該求而不捨。正當利益便是合乎義的獲得；換句話說，合乎義的利，才是正當的利益。

我們常說「不求有功，但求無過」，其實便是求取無過的功勞，以期減少罪過，而獲得无咎。由此觀之，合乎仁義的，才有資格稱為功，否則便是過。老師使學生晝夜忙碌，不能獲得適當的休息，反而阻塞其思考力的發展。父母使子女提早學習，以致忽略良好生活習慣的養成……這些作法嚴格說來都是不仁不義、有過無功的行為。現代人必須高度警惕，因為即使是無心之過，仍然是過；而無心害人，還是有罪。

仁者合義，自然不憂慮；勇者合義，自然不恐懼。一切求合理，時時警惕，隨時隨地做到心安理得，這才是人生的最高境界。孔子說七十而從心所欲，此即不憂也不懼的人生態度，值得我們效法學習。

把功利和仁義合起來想

功利

功利有合理的，也有不合理的。
合理即合義，不合理為不合義。
合義的功利，要得不要捨。
不合義的功利，要捨不要得。
功利和仁義合在一起，
便是合乎仁義的功利，
自己喜愛，別人也歡迎。

仁義

仁德必須合義，才算合理。
合義的仁德，自然產生功利，
可稱為「真功」與「正利」，
不但應該獲取，
而且可以持久。
仁義與功利可以合一，
不應該彼此對立，而水火不容。

我們的建議

1 人生的根本要求，在於一個「安」字。為了方便解釋，可用「安寧」來表示。安或不安？可以當做我們取捨的標準。安則為之，不安便不為，實在是普遍而正確的選擇。

2 安寧有可以控制的、也有難以控制，甚至不能控制的。我們所能控制的，大概只有提升自我、充實自己，使自己的品德修養日愈精進。其它因素，就很難自行主宰。孔子感慨「富而可求也，雖執鞭之士吾亦為之」（《論語・述而篇》），因而悟出「如不可求，從吾所好」的道理。

3 功利思想人皆有之，並沒有正當與不正當的區別。所不同的，則是採取的途徑和選用的手段是不是合理？合理便是仁義的功利，宜取不宜捨。真功正利，何樂不為！

4 《易經》三才之道，人道重仁義，意思是合乎仁義，才有真功正利。當大家都安寧時，自己自然也能獲得安寧。修己安人，成為人人必修的共同課題，也是生無憂而死無懼的最佳途徑。

5 「不求有功，但求無過」這種想法其實一點也不消極，反而十分務實。一個人若是想要不憂不懼，就應該時時刻刻以「无咎」為念。乾卦文言傳說：「利者，義之和也。」最好謹記在心，不能稍有怠忽。

6 以求得好死為人生目標，養成每日自我反省的習慣。君子愛財，必須取之有道。由仁義求功利，過程永遠比結果更重要。生無憂而死無懼，應該是可以靠自己力量來達成的願望。

結語

艮卦（䷳）卦辭：「艮其背。」主要的精神，在和平的靜、柔性的止；而非強制的靜、剛性的止。宇宙生生不息，當然不可能靜止。艮卦的靜，仍然是動，是一種比較特殊的止動之動。宇宙萬象，以胸腹為陰、背脊為陽。人體的氣，順著背脊由下向上，使頭腦清醒。這時候自動和平地向下，順著胸腹，一直到雙腳，再柔性向上。全身構成一大循環，氣血暢通，自然身體健康，精神旺盛。

兌卦（䷹）的卦名為兌，依說卦傳的解釋：「兌為澤，為少女，為口舌。」澤能滋潤萬物，少女的青春氣息最容易取悅於人，而好話人人愛聽——此三者普遍受人歡迎、令人喜悅。如果把艮卦（䷳）適可而止的精神，用在這三方面便能夠適度發揮功能，不致過份而造成不良的後遺症。艮卦和兌卦兩兩相錯，一方面啟示我們適可而止才能悅人悅己；一方面也啟示大家：喜悅最好能適可而止，以免樂極生悲。

震卦（䷲）象徵陰陽兩氣發生衝突，發光、發聲、發電，使人心生恐懼。此時若能畏天之威而修己之身，應該是一種合理的省悟。震卦（䷲）一陽爻始生於二陰爻之下，不但震動，而且還要奮發向上。我們不僅要省悟，更需要奮發圖強，以期完成這一生所要完成的任務。艮卦（䷳）和震卦（䷲）相綜，象徵修造自己行為的一體兩面，既要自動自發，也要持續向上，不僅要心存善念，目標更應該光明正大。

巽卦（䷸）一陰爻以柔順之質，進入二陽爻剛健之物，象徵無孔不入的特性。這時候採取硬碰硬的方式，必然會兩敗俱傷，損人也不利己。最好是以柔克剛，事緩則圓。

震卦（䷲）和巽卦（䷸）互為錯卦，告訴我們「剛」可以突破「柔」的障礙，「柔」也能夠克服「剛」的阻擾。組織成員先要上下一心，然後首長的命令才得以震動全員的心。一個人要先知道修身的重要性，才能夠逐一修正自己的缺失，而趨於完善。遇到震動，即能見機行事，挽救頹勢，立於不敗之地。

我們把震、巽、艮、兌四卦，看成生無憂而死無懼的四大支柱，主要是各式各樣的震動，象徵我們無窮無盡的欲望，使我們既憂慮又恐懼。倘若採取強制的方式來加以制止，天人交戰的結果，往往人欲勝過天理，反而自暴自棄，令人惋惜。不如採取以柔克剛的方式，用巽卦（䷸）的柔入來改變風氣，變化自己的氣質。我們的重點，仍然是內心的覺醒。從自然現象，體會有起有落、有上有下、有始有終，有盛有衰的必然變化。回頭檢視自己的人生亦復如此。逐漸明白當進則進、當止則止的道理，從「艮其趾」做起，養成適時艮其身而不妄動，當然可以減少很多憂慮。由於自己的修持，獲得大家的歡迎，於是內心的喜悅，使自己產生活在眾人心中的樂趣，此時即使面臨死亡的威脅，也終能坦然處之，應該更有把握做到「生無憂而死無懼」的境界。

《易經》六十四卦息息相關，因此在四卦之外，還要和其它卦融會貫通，合在一起思考，才能夠沒有障礙地暢通。中國人常說的「變通」，就是「變而能通」，所以在喜悅之中，必須不忘易理的精進，持續地玩賞象辭，以求更深一層的領悟易理。我們下一本書，將是《通是宇宙真理》，敬請期待。

《附錄》

四正卦與四隅卦的互動

一、韓國的國旗有八個卦

乍看之下，韓國的國旗由太極居中，四周有乾（☰）、坤（☷）、坎（☵）、離（☲）四個卦（如圖一）。

圖一

圖二

圖三

圖四

但是，仔細推究，（☵）這個「象」，所代表的是「二陰一陽」，相同的屬性還有震（☳）、艮（☶）兩個象，也應該包含在內。所以其中的（☵）象，實際上是坎（☵）、震（☳）、艮（☶）的總合，也就是總代表。

同樣的道理，（☲）這個象，是離（☲）、巽（☴）、和兌（☱）這三個

「二陽一陰」卦象的總合。

乾（☰）、坤（☷）各自代表一個卦，坎（☵）和離（☲）則各代表三個卦，所以總共加起來，應該是八個卦。

這八個卦，乾（☰）、坤（☷）、坎（☵）、離（☲）四卦，稱為「四正卦」。另外隱含著震（☳）、艮（☶）、巽（☴）、兌（☱）四個卦，則稱為「四隅卦」。

「正」的意思，應該是「不歪」。如果是這樣，韓國國旗上的四正卦，是不是應該要排列如圖二？

或著乾脆把四隅卦也畫上去，形成如圖三的圖象，是不是更像八卦圖呢？

我們不是韓國人，沒有資格、也沒有理由去評論韓國的國旗。我們只是就卦象論卦象，而提出這樣的論點，來証明韓國的國旗，取材於《易經》的八卦圖。倘若站在設計國旗的立場，韓國的國旗，不但簡化得很有道理，合乎有陰（四隅卦）有陽（四正卦）的原則，而且改變一下四正卦的位置，將會更加富有彈性。寓易理於藝術，實在十分美妙。

八卦代表天、地、山、澤、風、雷、水、火交錯的自然現象，並沒有吉凶可言。無論把八卦的象如何排列，似乎都能夠言之成理。換成如圖四的排列次序，應該也可行。

深入思考後可發現，若韓國國旗能改用四正卦來做代表，似乎更符合「天高高在上，地低低在下；太陽的光明從東方升起，一江春水由西向東流」的自然現象。至少對熟悉中華民族歷史文化和自然環境的我們，將會更加有親切感。看來，韓國的國旗，把四正卦斜置，應該是有更深一層的用意。

二、四正卦可以視為人生的定位

〈繫辭上傳〉曰：「乾坤其『易』之緼邪？乾坤成列，而『易』立乎其中矣。乾坤毀，則无以見『易』。『易』不可見，則乾坤或幾乎息矣。」乾（☰）和坤（☷）可以說是《易經》的奧祕，我們把它視為內涵的底蘊。因為乾（☰）是純陽卦，而坤（☷）為純陰卦。歸根究柢，不外乎奇（⚊）偶（⚋）兩畫。《易經》六十四卦，也不過是乾坤的奇偶兩畫交錯而成。所以奇偶兩畫產生無窮的變化，蘊藏著極為深奧的道理。乾坤的奇偶兩畫一旦列成，《易經》的道理也就在其中確立。倘若乾坤這奇偶兩畫毀棄了，不再用以表示各種變化，我們就看不見「易象」，也不明白「易理」了。只要「易象」、「易理」不得顯現，奇偶兩畫所代表的一切變化，也就幾乎止息了。

人生在世，便是在天（乾）地（坤）之間，設定自己的位置，也就是我們常說的「定位」。然後通過陰（偶）陽（奇）兩畫的變化，演化出必經的歷程，從出生之始一直走到死亡。當一生的奇偶兩畫停止演化時，便宣告著生命的結束。

天（乾）給我們「時間」，不論活多少年，乘以三百六十五天，仍然是極為有限的天數。地（坤）給我們「空間」，就算縱橫天下，自己所能利用的空間，也十分有限。

在這有限的時間（天數）和空間（地利）之中，我們透過代表天的奇數和代表地的偶數，建立起陰陽奇偶的變化。首先利用「水火不相射」的原理，以火（離）的燥性，使水氣蒸發，來烹煮食物；運用水（坎）的濕潤，來滋養我們的身體，並灌溉農作物。

水（坎）和火（離），成為我們生活中不可或缺的因素。若非水火既不相入又能相及，就像〈說卦傳〉所言：「水火不相射」，表示互不相容，也就是彼此不能相入。但是又說：「水火相連」，因為火熱水濕，相成而不相害，所以能夠互相透過相異的性質而相濟，具有相反、相成的相及作用。

〈說卦傳〉指出：「坎，陷也；離，麗也。」坎為水，總是出現於低窪的地方。坎字欠土，象徵地面上有深陷的樣子，其性質為陷。離為火，麗是附麗的意思，表示火必須附著於可燃的物質上，其性質為附麗。

我們從坎的性質，體會出水為財富的象徵。財富似水，不停地流動，而且具有相當風險性。人們追求利祿，必須明白「以身發財」和「以財發身」的差異，做出正確的判斷。否則利祿不一定到手，身體卻已經毀壞大半。即使真的到手，也無法享受自己辛苦獲得的成果，又有什麼用？

從離的性質，同樣可以體會出功名的亮麗，必須附著於自己的身上。倘若自己不見了，所得到的功名，也將和物質被燒盡之後，熊熊烈火忽然熄滅那樣的一無所有。因為人在人情在，人死了什麼功名都不見了。除非是至親好友，再也沒有人提起，相當於從世間瞬間蒸發掉了。

把功名利祿當做人生的定位，是一般人很難擺脫的現象。彷彿人活在天地之間，除了追求功名利祿之外，其餘的都不重要一般。大家以追求光明為願望，卻時常掉入危險的陷阱而難以自拔，應該是定位不當所導致的煩惱與不幸。然而，若是沒有離的光明和坎的滋養，人類恐怕也難以生存發展。

上天有好生之德，這才開闢出四隅卦，以震（☳）、巽（☴）、艮（☶）、兌（☱）來提供合理的輔助。

三、四隅卦可以視為人生的磨練

〈說卦傳〉曰：「震，動也；巽，入也；艮，止也；兌，說也。」震為雷，能驚起萬物，其性質為動；巽為風，能無孔不入，其性質即為入；艮為山，看起來巍然不動，其性質為止。兌和「說」與「悅」字相通，象徵澤。潭氣甘露能使萬物具有光澤而呈現喜悅的樣子，其性質為悅。

天地水火引起人們對於功名利祿的追求，原本具有正面的意義與崇高的價值，但是人心多變化，欲望會擴展，以致無法把持正確的方向，終究走向沉淪破敗的困境。

震、巽、艮、兌四隅卦，相當於人生的四面金牌，提供我們磨練的考驗，使我們獲得合理的成就。一方面發揚功名利祿對於人類社會的改善力，一方面激發我們內在的道德覺醒，用來規範自己的功名利祿，使其能合乎中道的要求。四隅卦的互動，更增加了外界環境的變化多端，其多樣化與複雜性，使我們體會《孟子・告子篇》所說：「生於憂患死於安樂」的道理。從震雷、巽風、艮山、兌悅的互動中，也增強了自己的心志。

震為雷，使人驚慌害怕，而心生警惕。怠惰的人，若能因此變為勤勉；鬆懈的人，如能因此變成敬慎，那便可以轉危為安，避禍得福。我們在追求功名利祿時，最好能養成每日反躬自省的習慣，以有所戒為美德。在禍患尚未來臨前，便事先防範戒備，應該可以无咎。

巽為風，使人明白「凡事順理而行，可以獲益；逆理而行，不但害自己，而且殃及他人」的道理。向人請教，務必低聲下氣，用柔軟的語調、恭敬的態度，別人才會樂於指點。初到新的環境，切勿輕舉妄動，必須設法瞭解與適應，逐漸像風一樣，無所不入而順利行事。對於功名利祿，最好採取「當進則進，應止即止」的態度，秉持「為公而不為私」的原則，才能化危為安，使潛在的危機消失於無形。

艮為山，使人明白「震動到了極點，就應該停止」的道理。《大學》說：「知止而後有定，定而後能靜，靜而後能安，安而後能慮，慮而後能得。」安、靜屬止，慮得屬動。安靜的目的在慮得，所以止的目的在動不在止。我們追求功名利祿，應該靜止的時候，便要適時而止。但是靜止時仍應持續充實自己，以求待時而動，並不是放棄不動。適可而止，重點在「可」。量力而為，不過分勉強。人的禍患，大多起於貪欲，阻止貪欲，則有賴於自己的理智。

兌為悅，使人明白「和悅而不諂媚」的道理。愛聽好話，容易在甜言蜜語中昏了頭，喪失應有的警覺性。愛說好聽的話，也容易由於對方喜歡，而動了不良念頭。我們在追求功名利祿的時候，千萬不要迷惑於動聽的美名和誘人的利祿，而掉入「令人喜悅」的陷阱中，以免招致後悔怨恨。

天地之間，多了雷、風、山、澤。由於山澤通氣，雷風相薄，加上水火不相射，使得氣的流行，增加了許多變化。我們若能從雷、風、山、澤的互動中，體會動、入、止、悅的種種關係，應該可以在追求功名利祿時，獲得高明的指點，而有所行止，求得自己的合理「定數」。

四、四正卦與四隅卦的互動

依據〈說卦傳〉所載：「天地定位，山澤通氣，雷風相薄，水火不相射」，我們畫出伏羲八卦，其順序如下：

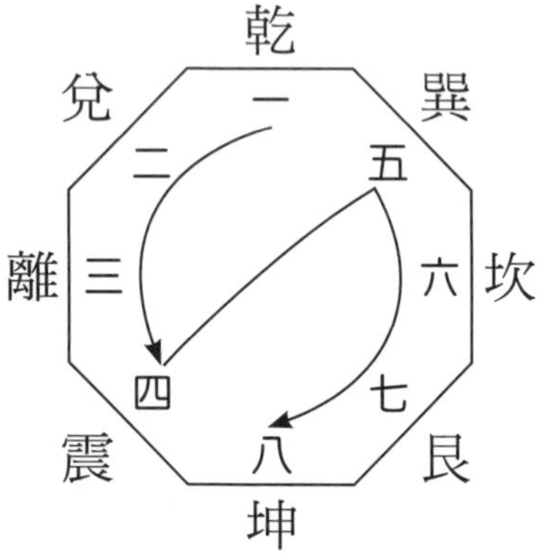

我們從乾（䷀）卦大象所說「天行健」，體會出「自強不息」的道理。大家都很爭氣，也有向上奮進的決心，可惜缺乏「判斷」能力，不知如何正確「選擇」。特別是現代教育，幾乎都以博取功名、求得利祿為主，卻忽略倫理道德與藝術修養，於是兌（䷹）卦原有「欣悅而守持貞正」的道理，便被曲解為「只要我喜歡，有什麼不可以」。既然人生以快樂為目標，若是以人之所欲的功名利祿做為努力的指標，自然是合情合理、理所當然的。何況一分耕耘，必有一分收穫，這本也符合「元亨」的原則。然而若深入思考不難發現——離（䷝）卦的亨通，一方面表現出功名利祿的引人羨慕，也增添了自己的光采；一方面卻揭示功名利祿附麗在自己身體上面的事實，讓我們不得不審思自己到底是「善用功名利祿來造福社會人群」的仁人，還是「用自己的身體換取功名利祿」的愚蠢、缺德之人？只有等待震（☳）卦的雷聲隆隆，驚醒大家，應該分清本末、輕重時，才會謙遜地自省，發揮巽（☴）卦的「謙順而有所為」，不自卑畏縮、不優柔寡斷的精神，而這也才逐漸領悟坎（☵）卦的細水長流，畢竟是有賴於歷經坎險卻能不折不撓，因而能心懷誠信，堅定剛毅，逐步排除險難，以脫離困境。由水看到山，明白坎卦的險難以外，上有艮（☶）卦的阻擋、抑止，因此覺悟自我節制，力求「行其所當行，止其所當止」，在追求功名利祿時，能夠適可而止，由「只要我喜歡，有什麼不可以」，逐漸修養到「多問應該不應該，有所為有所不為」的地步，如此一來，「地勢坤，君子以厚德載物」的坤（☷）卦精神，便能與原先乾（☰）卦的「自強不息」結合在一起。「大哉乾元」和「至哉坤元」有所連結，坤八和乾一接在一起，構成乾一、兌二、離三、震四、巽五、坎六、艮七、坤八的完整「八」（8）字形，便是我們所稱道的「龍馬精神」

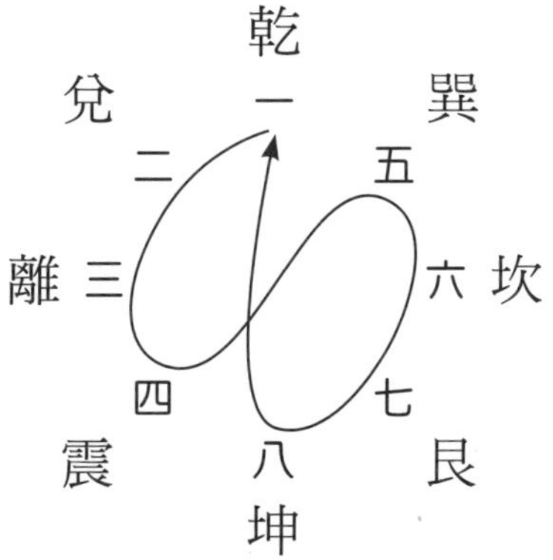

龍馬精神的要旨，在乾坤的密切配合。既有乾的創造力，也有坤的執行力。有多大的理想，便能發揮多大的實踐。領導時有領導的氣魄和肚量，伴隨時也有伴隨的忠誠與配合。能屈能伸，當然是頂天立地的有為人士。

由於乾坤定位，人能夠敬天法地，易理才得以充分發揮。坎、離、艮、兌、震、巽的正面力量，在我們理智指導感情的大原則下，能夠充實飽滿、通而不隔地良好互動，使我們能由自然現象中，覺察出道德對於人類的重要性。向自然學習，以自然為師，能夠領悟自然的道理，啟發某種德行的特殊意義，這才是我們學習《易經》的最大功能。

伏羲八卦，當然不是只有這種解說，還有許多其他的發揮，我們都應該加以尊重，當做另一種參考途徑。《禮記》所載孔子的話：「天有四時，春秋冬夏，風雨霜露，無非教也。」人活在天地自然之中，同樣是自然的一部分。必須從生活中感悟自然的道理，提煉自然的規律，隨時隨地向自然學習。我們把伏羲八卦和功名利祿的追求合起來看，便是其中的一種應用。倘能再更深入瞭解和體悟，必能獲得更為豐富的思維，從實踐中驗證，那就更能運用自如了。

五、結語與建議

長久以來，五行、八卦、河洛、爻象，似乎已經淹沒了易理。現代重視商業，卻不幸過度商業化，以致《易經》的神祕性被渲染得令人覺得神通廣大，幾乎是神機妙算，盡在其中。而《易經》的哲學性，則嚴重地受到漠視。近代新儒者熊十力先生感嘆：「漢以來，易學亡於經師，復厄於二氏。」實乃肺腑之言。我們不應該反對術數，但也不能夠不重視義理。現代科學發達，可以用科學語言來釐清易學中的神祕部分，雖然截至目前為止，仍無法完全做到，至少可以盡力為之。哲理部分，是孔子對易學的最大貢獻，最好以孔門的思維為主，體會「自然變化無非教也」的道理，認清「宇宙無處不是寶貴教訓」的真相，重視人類的道德性，透過陰陽、剛柔，來驗證仁義的真實力量。

易學所說天地人三才之道，〈說卦傳〉則是以陰陽立天之道，以剛柔立地之道，以仁義立人之道。表面上看起來有三道，實際上只有一道，也就是孔子所說的一貫之道，貫通天地人三才，合為一道。簡易的意義，便是合乎自然的仁義，可以看出易學的主軸。

人不能不追求功名利祿，否則長期隱居，終究不是辦法。倘若人人如此，社會怎麼能進步？我們從伏羲八卦的順序，說明追求功名利祿的正道，不過是一種應用。其核心價值，即在「追求合理的功名利祿，也必須重視自己的道德修養」。現代商業時代，人類不可能不重視商業，卻也不能將道德丟在一旁，造成「唯利是圖」、「一切向錢看」、「笑貧不笑娼」的劣質商業化，以免禍患無窮。

「商業」的要旨，在賺取合理的利潤，也就是憑良心賺錢。「商業化」則是淪為能賺為什麼不賺？不擇手段、不顧後果，能賺多少便絕不手軟。於是詐欺、矇騙、巧取、豪奪……無所不用其極，導致人心險惡，風氣敗壞，人與人之間的信任感喪失殆盡。原有宗教、藝術、風俗、習慣、乃至於文化，遲早都將為商業化所敗壞，人類的價值也將大幅貶低，由萬物之靈淪為萬物之賊，如此的醜態，在現今社會似乎已經愈來愈明顯。

建議大家，在博取功名利祿之前，必須先修養品德。好好修治自己，喚醒睡著了的良心，使乾元和坤元合一，充分發揮兌、離、震、巽、坎、艮的正面作用，使大家都能憑良心、立公心，以正道追求功名利祿，為人群造福田，為社會謀福利，如此方為弘揚易道的謙謙君子。

易經的奧祕系列課程

凡購買「易經的奧祕」書籍之讀者
即可參加「一日易經班」課程

易經的奧祕
一本易想天開的絕妙經典
曾仕強 著
本書在大陸
全書在台重新改版，轟動發行！
熱銷逾100萬本
高踞各大書局文史哲類暢銷排行榜
冠軍寶座
讀友熱烈回應，認為這是一本「可惜沒有早點看」、
「對人生有重要啟發」、「能使人茅塞頓開」的智慧鉅作。

運用易經的 時、位、中、應
規劃出一套與時俱進，持經達變的職場生涯

☑已購買易經的奧祕書籍。我想報名參加一日易經班課程，敬請安排座位

姓名：__________ 手機：__________ 行業別：______________

電子郵件信箱：____

郵寄地址：____

報名專線 ：02-2361-1379，02-2361-2258 傳真報名：02-2331-9136

亦可郵寄至台北市中正區重慶南路一段57號8樓-14 曾仕強教授辦公室收

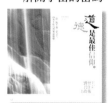

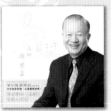

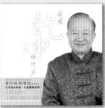

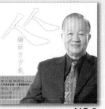

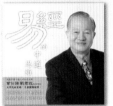

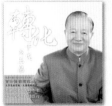

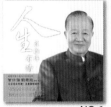

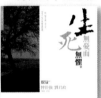

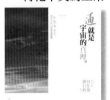

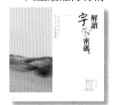

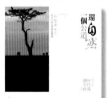

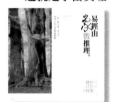